Reiser • Kardinal Michael von Faulhaber

Faulhaber als Bischof von Speyer

Rudolf Reiser

Kardinal Michael von Faulhaber

Des Kaisers und des Führers Schutzpatron

2000

Buchendorfer Verlag

Die Deutsche Bibliothek – CIP-Einheitsaufnahme
Reiser, Rudolf:
Kardinal Michael von Faulhaber : des Kaisers und des Führers Schutzpatron /
Rudolf Reiser. –
München : Buchendorfer Verl., 2000
ISBN 3-934036-13-9

Abbildungen aus dem Archiv des Verfassers
Satz: Typodata, München
Druck + Bindung: Franz Spiegel Buch, Ulm
Printed in Germany
ISBN 3-934036-13-9

Inhalt

Welch ein Widerspruch!

Er erstattete bei der Gestapo Anzeigen gegen politische Gegner Hitlers und pries ihn als die von Gott gesetzte Obrigkeit. Nach dem schmachvollen Ende dieser braunen Bestie erhielt er als erster Deutscher den höchsten Orden der noch jungen Bundesrepublik. In München nannte der Stadtrat gar eine Straße nach ihm.

Kardinal Michael von Faulhaber (1869–1952). Er gilt heute allenthalben als tapferer Widerstandskämpfer. In Wirklichkeit war er ein Antidemokrat und Parteigänger Kaiser Wilhelms II. und eine unerschütterliche Stütze Hitlers, ein böser Kriegstreiber und autoritärer Kirchenfürst.

Im Speicher eines bayerischen Pfarrhofes fand ich Ansprachen und Hirtenbriefe »im Wachsmatrizen-Verfahren« und Bücher Faulhabers, die zu dieser Aussage berechtigen. Sie ergänzen in einmaliger Konstellation die von dem Jesuiten Ludwig Volk 1978 edierten Briefe und Verlautbarungen Faulhabers.

Diese Biographie ist auf gar keinen Fall eine Generalkritik an der Kirche, wohl aber eine an einem ihrer Spitzenvertreter. Zur Erinnerung, auch unter den zwölf Aposteln Christi befand sich ein Judas.

Befremdlich muß es deswegen wirken, daß die Kirche Probleme mit der jüngsten Geschichte hat. Bei den Recherchen gewinnt man den Eindruck, daß die braunen Spuren Faulhabers fein säuberlich und mit Bedacht beseitigt worden sind.

Ismaning, Mariä Lichtmeß 2000 — Rudolf Reiser

Zum Geleit!

An den Schluß dieser Weihestunde setzen wir, wie an den Schluß aller Psalmen, ein „*Ehre sei dem Vater und dem Sohn und dem Heiligen Geist*". Vorher aber, meine lieben wetterfesten katholischen Männer, bin ich dem katholischen Namen in unserem Vaterland noch *eine Ehrenerklärung* schuldig: Eine deutsche Zeitung hat vor etwa zwei Wochen berichtet: Ein Mann in der Schweiz habe in einer dortigen Zeitung Kinder angehalten, um den Tod des Führers zu beten. Ein Wahnsinniger hat im Ausland einen Anfall des Wahnsinns gehabt — dürfen deshalb die deutschen Katholiken in Bausch und Bogen verdächtigt werden? Ihr alle seid mir Zeugen dafür, daß wir an allen Sonn- und Feiertagen in allen Kirchen beim Hauptgottesdienst für den Führer beten, wie wir es im Konkordat versprochen haben. Und jetzt konnte man an Straßenecken in großen Buchstaben am Kopf der Zeitung lesen: „*Sie beten um Hitlers Tod!*" Wir fühlen uns beleidigt durch diese Verdächtigung unserer Staatsgesinnung. Wir geben heute eine Antwort darauf, eine christliche Antwort: Katholische Männer, wir beten jetzt zusammen *ein Vaterunser für das Leben* des Führers. Das ist unsere Antwort: Vater unser, der Du bist im Himmel ... Ehre sei dem Vater ... Es segne euch der allmächtige Gott ...

Herausgegeben vom Erzbischöflichen Ordinariat in München, Pfandhausstraße 1.
Druck Val. Höfling (Dr. Valentin Mayer) München, Lämmerstr. 1.

Schluß der Predigt Faulhabers am 7. Juni 1936 im Münchner Dom. Die Ansprache wird in hoher Auflage gedruckt und an Mitglieder der Marianischen Männerkongregation verteilt.

1

Gegen »feministische Überspanntheiten« der Frauen

Genesis des Kardinals: Vom Backofen zum Bischofsamt 1869-1913

Am Freitag vor Laetare (vierter Fastensonntag) 1869 wird Michael Faulhaber im Bäckerhaus des Dorfes Klosterheidenfeld im Bezirksamt Schweinfurt geboren. Der Bub wächst in einem streng katholischen Milieu auf, das die Menschen von der Taufe bis zur Letzten Ölung prägt. »O wie gut ist Gott, und wie böse bist du!« liest man zum 5. März (Faulhabers Geburtstag) in den »Heiligen Gottes«, der bedeutendsten deutschen Legendensammlung dieser Zeit.

83 Jahre später, am Fronleichnamstag 1952, stirbt Faulhaber in München. Ein langes Leben, eingebettet in Kalender und Kult der katholischen Kirche!

Exakt 77 Wochen nach Faulhabers Geburt wird in Sedan der Deutsch-Französische Krieg zugunsten Deutschlands entschieden. Anfang 1871 rufen die Preußen und deutsche Fürsten in Paris Wilhelm I. zum Deutschen Kaiser aus. Und: Die Katholiken des Reichs kennen ihn, den Protestanten, als »von Gottes Gnaden« an. Sogar in Bayern! So wächst der Bäckersbub aus Klosterheidenfeld in eine äußerst widersprüchliche Ära hinein. 1879 wird er in das Schweinfurter Gymnasium geschickt, 1883 in das Kilianeum in Würzburg, wo er 1888 das Abitur besteht. Sein Kopf ist voll von Enthusiasmus für Thron und Altar, sein Zeugnis voller Einser (nur in Griechisch eine Zwei). Gute Noten haben eben ihre dubiosen und kuriosen Seiten. Vom Fach Turnen übrigens war er »suspendiert«.

Anschließend geht er zum Militär. In überschwenglichen Worten lobt Faulhaber (jetzt 19) jene Zeit »im Rock des Königs«. Als er einmal einem Hauptmann in einer Ansprache zu einem Dienstjubiläum gratuliert, erhält er die Antwort: »Ihr hättet mir wünschen sollen, daß ich meine Kompagnie noch einmal ins Feld führe; wir verfaulen ja in der Kaserne.«

Mindestens jetzt hätte der junge Christenmensch sachte zurückschießen müssen. Im Krieg wird doch getötet, also gegen das fünfte Gebot Gottes verstoßen. Doch der fromme »Einjährige« gibt gebetsmühlenartig wieder, was er einst gelernt hat. Und so schätzt er denn auch den »militärischen Gehorsam«, er ordnet sich dem Drill unter und erhält schließlich in seinem Militärpaß die achtbare Bemerkung: »Hat das Befähigungszeugnis zum Reserve-Offiziersaspiranten.« Diese Offerte nützt er aber nicht, er will lieber Theologie studieren. 1892 läßt sich der jetzt 23jährige zum Priester Gottes weihen.

Die einfache Seelsorge im mainfränkischen Weinberg Christi interessiert Faulhaber indes nicht besonders. Er geht nach Rom und habilitiert sich anschließend in Würzburg. Am 26. April 1903 beruft ihn Kaiser Wilhelm II. persönlich zum Professor für Alttestamentliche Exegese an die Universität Straßburg. Hier, jenseits des Rheins, wo einst Goethe studierte, die Republik blühte, die Menschen dem Leben auch heitere Seiten abtrotzten, wird die letzte Chance für eine klare oder doch klarere Weltsicht vertan.

Faulhaber (jetzt 34) kann die Bibel fast auswendig. Bald sind seine vielen Vorlesungen vom Universitätskatheder gespickt mit Worten der Propheten und Evangelisten, mit Sprüchen und Psalmen. Ein Schüler namens Jerome erinnert sich: »Wenn Faulhaber sprach, da wehte die Luft und der Duft der galiläischen Berge, da rauschten die Cedern des Libanon und des Hermon, da erstanden die alten Propheten Israels mit dem ganzen Bewußtsein ihrer Gottessendung, mit ihrem markigen Wort, das wie Donner hineinrollte in das nach Baal und Astaroth schielende Volk Israel.«

Der junge Theologe weiß um seinen Nimbus, um die Gewalt, die in seinen Worten steckt, und um die Schönheit der Sprache im Alten Testament. Und bald hat er die Fähig- und Fertigkeit, auf viele Lebenslagen mit einem Zitat aus der Bibel zu reagieren. Das Deutsche Reich kennt keinen ausgeprägteren Eklektiker. Hätte er sich nur ein bißchen mit den großen Philosophen Christian Wolff, Franz Ignaz Rothfischer, Immanuel Kant oder auch nur mit den gelehrten Benediktinern der Bayerischen Akademie der Wissenschaften auseinandergesetzt, dann wären seine Urteile nicht so hoffnungslos einseitig ausgefallen.

Aber er wähnt sich auf dem richtigen Weg. Zu allem und jedem eignet er sich eine fast zur dogmatischen Starre verformte Meinung an. Sogar der Rolle der Frau in Staat und Kirche nimmt er sich an. Auf dem Breslauer Katholikentag 1909 stuft er sie als Mensch zweiter Wahl ein, wenn er sagt: »Die hausrechtliche Stellung der Frau ist in dem Gotteswort umzirkelt, das Weib solle die Gehilfin des Mannes sein, ein Gotteswort, das neben der Pflicht aktiver Mithilfe die Unterordnung des Weibes unter die häusliche Autorität des Mannes zum Hausgesetz erhebt. Diese untergeordnete Stellung ist der ursprüngliche Wille des Schöpfers.«

Damit aber nicht genug! Faulhaber wird in Breslau noch deutlicher. »Eine Frau kann ihrem Manne sehr wohl geistig oder sittlich ebenbürtig, sie kann ihm sogar weit überlegen sein, und trotzdem bleibt der Mann das Haupt der Familie.« Dieser Satz, so urteilt der Geistliche, »steht fest wie Granit vom Sinai«.

Und so sei die Entscheidung der Reichsregierung, daß neuerdings auch eine verheiratete Frau Lehrerin werden dürfe, gegen Gottes Willen. Faulhaber spricht in diesem Zusammenhang von »einer Mißgeburt mit einem doppelten Gesichte, weil man nicht im Nebenamt Mutter sein und weil eine Person nicht zwei Berufe erfüllen kann«.

Natürlich habe die Kirche nichts gegen die »Frauenbildung«, doch auf den Hochschulen sollen die Damen die Ausnahme sein. Zugelasssen werden dürfe dort nur »eine relativ kleine Truppe von wirklich begabten und nervenstarken und sittlich ernsten Mädchen«. Faulhabers Schlußfolgerung: »Es wird nicht zu einem Massenstudium kommen, der Doktorhut wird nie allgemeine Mode werden.«

Wie kann man sich täuschen! Schon knapp drei Generationen später sind an Deutschlands größter Hochschule, der Ludwig-Maximilians-Universität in München, mehr Damen als Herren immatrikuliert. Vor allem in den geisteswissenschaftlichen Fächern schmückt der von Faulhaber angesprochene Doktorhut in sehr großer Zahl auch die Frauen.

Welche Gnade dann für die Frauen 1910! Vor dem Katholischen Lehrerinnenverein ruft er seinen Zuhörerinnen in Koblenz zu: »Ihr dürft auch Lehrerinnen werden!« Freilich, in der Kirche haben sie zu schweigen. Dann zitiert er das Pauluswort: »Wenn sie (die Frauen) lernen wollen, sollen sie zu Hause ihre Männer fragen. Es ist eine Schande, wenn in den gottesdienstlichen Versammlungen eine Frau das Wort nimmt.« Das habe auch seinen Sinn. Damals brachten nämlich die Frauen »durch ihre feministischen Überspanntheiten die ganze Kirchenordnung in Verwirrung«.

Da sich Faulhaber immer wieder auf die Bibel beruft und sich seine Thesen ausschließlich an der römischen Tradition orientieren, liegt der

Faulhaber als Professor in Straßburg

großen Karriere nichts mehr im Wege. 1911 besteigt er als 42jähriger den Bischofsstuhl von Speyer, das damals zum Königreich Bayern gehört.

Zu seinem Signum erhebt »der Sproß einer wappenlosen Wiege« (Faulhaber über sich) den von der Taube des Heiligen Geistes gekrönten siebenarmigen Leuchter, zu seinem Leitspruch die Formel »Vox populi – vox Dei«. Zu Deutsch: »Stimme des Volkes – Stimme Gottes«. Ein konfuser Ausdruck, der nun wirklich nach mehreren Seiten interpretationsfähig ist!

Faulhaber schreibt dazu: »Wiederholt hatte ich auch meinen Wahlspruch gegen schiefe Deutungen zu verteidigen, und zu erklären, was er bedeute und was er nicht bedeute.« Und er übersetzt ihn gleich: »Was Bedürfnis der Zeit ist, darf und soll damit auch als Wille Gottes genommen werden.« Bitte lesen Sie diesen Satz nochmals! Übersetzt kann das auch heißen: Wenn Hitler das »Bedürfnis der Zeit« ist, ist dies auch Gottes Wille!

Aber bis dahin müssen noch 22 Jahre verstreichen. Jetzt 1911 sieht Faulhaber als ein erstes »Bedürfnis der Zeit« die Verdammnis der Ökumene an. Er löst nämlich im Bistum Speyer unverzüglich alle Simultankirchen auf. Es sind dies Gotteshäuser, in denen seit langem Katholiken und Protestanten zu verschiedenen Zeiten ihre Andachten abhalten.

Dann widmet er sich einem seiner Lieblingsthemen: »der ehelichen Ordnung«. Ende 1913 predigt er im Limburger Dom zu diesem Thema: »Heilige Rechte, vom Schöpfer des Lebens gegeben, um neues Leben zu vermitteln, drohen zu einer Selbstmordwaffe der Menschheit des 20. Jahrhunderts zu werden und die Volkskraft ins innerste Lebensmark zu treffen.« Und weiter: »Auf leichenfarbigem Pferde sitzt der weiße Tod, und hinter ihm her zieht die Hölle.«

Faulhaber meint damit die Empfängnisverhütung, die in vornehmen Kreisen immer weniger als Sünde angesehen wird. Und so versteigt er sich zu einem Ausspruch, den in den nächsten Generationen immer weniger Gläubige verstehen. Der Bischof sagt in Limburg: »Die Sünde, von der ich rede, ist die eigentliche Todsünde der neuen Zeit.« Dann stellt er die Frage: »Wer wird dem Reiter auf dem leichenfarbigen Roß in die Zügel fallen und dem langsamen Sterben des Volkslebens Einhalt gebieten?«

Er gibt auch gleich die Antwort: »Keine Religionsgemeinschaft wird der Seuche des Geburtenrückgangs so kraftvoll wehren wie die katholische Kirche.«

2

»Eisenpillen bringen Bluterneuerung«

Faulhaber nennt den Ersten Weltkrieg gerecht und notwendig - 1914-1918

Drei Jahre nach der Annahme der Inful beginnt der ungeahnt blutige Waffengang des 20. Jahrhunderts. Der Erste Weltkrieg! Ganz Deutschland begrüßt in einer Verblendung ohnegleichen die Mobilmachung im August 1914. Von einem Bischof freilich hätte man mehr Besinnung erwarten können. Da werden doch nahezu an allen Fronten Katholiken aufeinander schießen - noch dazu die treuesten der treuen! Faulhaber hätte doch wissen müssen, daß sein Gott kein anderer als der des Feldgrauen aus Brügge, Lyon oder Genua ist, daß diesen gemeinsamen Gott im Himmel auch die Stoßgebete der Mütter, Frauen und Bräute aus Ligurien, Lothringen und Flandern erreichen.

Aber ein so simpler Gedanke ist in Speyer jenseits aller bischöflichen Vorstellungen. Da wird nicht viel überlegt im Ordinariat der Pfalz. Kaiser und König von Gottes Gnaden sind für das übelste Werk Satans, für den Krieg, also muß man es absegnen. Die Kirchturmpolitik des Bischofs gipfelt in der Tatsache, daß er in seiner Kathedrale an den Ufern des Rheins in der ersten Fastenzeit des Krieges sieben Predigten über die »Heldengestalten der Heiligen Schrift« hält. Und dabei sich überhaupt nicht geniert, dieses brutale Völkermorden in die christliche Heilsgeschichte einzubinden!

Von der ungewöhnlichen Tapferkeit seiner biblischen Heldengestalten erzählt er auch den Frontsoldaten, die er in seiner Eigenschaft als stellvertretender Feldpropst Bayerns öfter besucht. So reist er im März Anno domini 1915 nach Metz und feuert die armen Teufel an: »Fort mit dem Heimweh, das ist jetzt nicht angebracht. Denkt an das, was die Stunde heischt, denkt, es ist Gottes Wille. Gebet dem Kaiser, was des Kaisers ist.«

Es ist dies eine irre und wirre Situation. Der Bischof von Speyer, der immer wieder predigt, seine Kirche sei die alleinseligmachende, der nicht will, daß im selben Gotteshaus Kapläne und Pastoren das Wort der Bibel verkünden, interpretiert den Willen Gottes so: Schießt die katholischen Franzosen zu Krüppeln oder noch besser tot. So vollzieht ihr sehr richtig den Willen des protestantischen Kaisers Wilhelm II.

Dann: Vergeßt eure Mütter in der Heimat, die euch geboren, gestillt und großgezogen haben, vergeßt eure Kinder, die nach dem Vater verlangen. Wenn der Soldat seine Kinder um einer anderen Frau willen verlassen würde - aus Gründen der Liebe (und nicht wegen des bestialischen Krieges) - dann wäre das etwas anderes. Nicht »Gottes Wille«, nein eine Todsünde mit dem Endresultat Hölle!

Wer da nicht skeptisch wird, belügt und betrügt sich selbst - und später seine Umwelt. Aber so ist es nun einmal. Wer seinen Verstand ausschaltet, schafft sich ein deformiertes Gewissen. Dann ist der Weg frei für Äußerungen, die vor der Geschichte wie eine Seifenblase platzen. Das wäre freilich in unserem Falle zunächst nicht so schlimm. Weit schwerer fällt in die Waagschale, daß jenes in Kindheit und Jugend erzeugte Desiderat Faulhabers ausgerechnet in den Krisenjahren der deutschen Geschichte Öl für das Vernichtungsfeuer der Politik ist.

Man muß dies alles sehen, will man die Misere der Kirche heute verstehen. Wie haben die ersten Mitglieder der Gemeinde Christi einst zusammengehalten, Frieden und Nächstenliebe zum Dogma ihrer jungen, idealistischen Bewegung erhoben! Ein Kriegshetzer wäre sofort ausgeschlossen worden. Man pflegte die Mitmenschlichkeit und achtete eines der schönsten Prinzipe der Menschheit: »Liebet eure Feinde« (Lukas 6, 27). Dies sagte Christus in seiner Bergpredigt.

Doch nach Faulhaber muß auf die Feinde der Deutschen erbarmungslos geschossen werden. Beim zweiten Frontbesuch (im April 1915 in Flandern) erzählt man ihm, daß die Gegner weißblaue Fähnchen geschwenkt hätten und damit sagen wollten: Wir wissen, daß uns Bayern gegenüberstehen. In seinem Bericht zeigt Faulhaber über solche Äußerungen keinerlei Regung. Welch ein Charakter!

Dafür schildert er die Gefahren seiner Visite und stellt sich selbst als Helden dar. »Wenn ich als Stellvertreter des Feldpropstes von meinen Feldgeistlichen verlange, daß sie die Brüder in der vordersten Linie besuchen, darf ich mich selber vor dem gleichen Gang nicht fürchten.«

Kurz vorher hatte er noch in Lille eine Predigt gehalten: »Über die drei Gnaden im Felde«. Die »Weihnachtsgnade« deutete er dabei als »Treue zur Familie«. Doch viele können diese zweifelsfrei lobenswerte Tugend jetzt überhaupt nicht unter Beweis stellen. 100 000 Deutsche fallen allein in Flandern. Faulhaber selbst bestattet einige. »Tag für Tag, Nacht für Nacht taten sich weitere Gräber auf«, schreibt er. Ein Arzt sagt zu ihm über die Toten: »Lauter junges wertvolles Leben.« Faulhaber zeigt kein Mitleid. Er schreibt im Anschluß an diese Äußerung nur: »Für zwei Dinge waren die Bayern bekannt, für den guten Besuch der Abendandachten und für die kameradschaftliche Pflege der Gräber.«

Obwohl der Bischof das unendliche Leid an der Front kennt, hält er diesen Waffengang für gerecht und im Sinne Gottes. Ende 1915 schreibt er ein Büchlein mit dem Titel »Der Krieg im Lichte des Evangeliums«. Daraus einige Zitate:

- »Nach meiner Ueberzeugung wird dieser Feldzug in der Kriegsethik für uns das Schulbeispiel eines gerechten Krieges werden.«

- »Sabbatismus nenne ich den Ruf nach dem ewigen Sabbat, die grundsätzliche Ablehnung eines jeden Krieges.«

- »Das Thomaswort 'Laßt uns gehen und mit ihm sterben' bleibt der schönste Fahneneid.«

- »Das Evangelium hat für den Krieg nicht nur einen Waffenpaß, es hat für ihn sogar einen Waffensegen.«

- »In der Rangordnung der Liebe hat das Heimatland den Vorrang vor dem Ausland.«

- »Der Krieg ist nicht das allergrößte Uebel.«

- »Auch der Weizen des Evangeliums blüht auf den blutbesprengten Feldern.«

- »Der Aufmarsch ohne Alkohol, die Rückkehr zum einfacheren Küchenzettel, die Wiedergeburt der altgermanischen Abhärtung, die ins Riesenhafte gesteigerten Strapazen im Felde werden zum mindesten in der Lebensführung des jetztlebenden Geschlechtes heilsam nachwirken.«

- »Eisenpillen bringen Bluterneuerung.«

Fassungslos steht man diesen Bischofsworten gegenüber. Doch der Höhepunkt ist mit diesem Büchlein noch lange nicht erreicht. Bald dar-

Faulhaber als Feldpropst im Schützengraben (1917/18)

auf erscheint ein zweites auf dem Markt. »Das Schwert des Geistes« (1917). In ihm lesen wir den alle republikanisch gesinnten Katholiken beleidigenden Satz: »Der Psalmist ist kein Rousseau, der die souveränen Rechte des Volkes verkündet und damit der staatlichen Ordnung den Todeskeim einimpft.« Dann die abenteuerliche Behauptung: »Die Königstreue – sie steht unter Gottes Geboten.« Schließlich der Satz, der direkt zu Hitlers Rassenwahn führt: »Im heutigen Krieg wird der Segen des einheitlichen Regiments als Geheimnis völkischer Kraft von uns neu entdeckt.«

Das Büchlein schickt er als Ausdruck »meiner treugehorsamsten Verehrung« auch an Kaiser Wilhelm. Und dieser liest natürlich nichts lieber als den Satz, daß ihm auch die deutschen Katholiken schuldig sind, »was des Kaisers ist«.

Wie sollte es anders sein, dieses Werk erreicht auch die Münchner Residenz, wo es ebenfalls auf fruchtbaren Boden fällt. Kronprinz Rupprecht, zu Beginn des Waffengangs einer der widerlichsten Kriegstreiber (und Eroberer vieler Frauenherzen), schreibt seinem Vater, dem 71jährigen König Ludwig III., welche Vorzüge Faulhaber doch habe.

Der Münchner Monarch zeigt sich auch sofort dankbar. Nach dem Tod des Kardinals Bettinger nominiert er den fränkischen Bäckerssohn zum Erzbischof von München-Freising. Am 3. September 1917 ist im Liebfrauendom der Isarstadt Inthronisation. Auf den neuen Oberhirten geht automatisch das Amt des Feldpropstes des Bayernheeres über.

Sechs Wochen später schon bricht er zu einem Frontbesuch nach Galizien auf. Dort lädt ihn Generalfeldmarschall Leopold, der Bruder des bayerischen Königs Ludwig III., zu einem Festmahl in das Hauptquartier. Der Krieg ist längst verloren, die Soldaten hungern. Aber an der Tafel des Königsbruders schmaust und trinkt man wie in goldenen Friedenszeiten. Die Menükarte: Kraftbrühe mit Einlage, Sherry, Ei mit Krebsschwänzen, Lendenbraten mit Rotkohl und Kartoffeln, Vanillecreme mit Früchten, Obst, Kaffee. Dazu Weißweine aus Deutschland und Französischer Rotwein Jahrgang 1909!

Erinnert sich Faulhaber angesichts dieser Delikatessen seiner geschmacklosen Behauptung, daß der »einfachere Küchenzettel« (siehe oben) heilsam sei? Wohl kaum! Und auch in den Tischreden bekleckert man sich nicht mit Ruhm. Man hat nämlich den Glauben an den Sieg immer noch nicht aufgegeben.

Faulhaber in Prilep 1918 mit General von Steuben (rechts) und dem nachmaligen Regensburger Erzbischof Michael Buchberger (zweite Reihe Mitte)

Ein Glück für den Historiker, daß Faulhaber einige seiner Erlebnisse aufzeichnet - auch seine Predigten! So erfahren wir, daß er in Warschau am 21. Oktober 1917 über »die Waffenrüstung des christlichen Soldaten« spricht. Eine Litanei von Durchhalteparolen praßelt auf die Soldaten nieder.

Erstens: Er wehrt sich gegen das Gerede vom bereits verlorenen Krieg. »Es wird oft durch unkluge Briefe in die Heimat voll Klagen und Anklagen, durch unverantwortliches Gerede schwere Verwirrung angerichtet.«

Zweitens: »Die Gerechtigkeit verlangt auch, dass wir das Wort der Schrift beachten: Gebt Gott, was Gottes ist, dem Kaiser, was des Kaisers ist.« Und Faulhaber fährt in seiner ganzen Einfalt fort: »Ein Volk, das sich im Vertrauen auf seine Führung erschüttern lässt, ist wie ein Soldat, der sich den schützenden Panzer abnehmen lässt.« Während im Frieden Sonntagsarbeit streng verboten ist, darf man selbstverständlich an der Front »am Sonntag nachmittag für den Strassenbau Steine klopfen«. Faulhaber in seinen Aufzeichnungen: »Das ist der Tag des Herrn im Felde!«

Diese Worte des Münchner Erzbischofs sind deshalb so wichtig, weil er später ohne Scham und Skrupel behaupten wird, das deutsche Volk habe 1917 zu spät erkannt, »was ihm zum Frieden dient«. Er mag ja damit recht haben, aber er vergißt natürlich hinzuzufügen, daß er ja selbst in gebieterischer Form das deutsche Volk in der Heimat und an der Front zum Durchhalten aufgehetzt hat. Wie anders soll man denn bitte das noch 1917 ausgesprochene Wort »Gebt dem Kaiser, was des Kaisers ist« verstehen?

Dann das letzte Kriegsjahr! Zunächst reist der Münchner Oberhirte Ende Januar 1918 an die Südostfront. Höhepunkt ist dort ein glanzvoller Empfang am Hofe des Zaren Ferdinand in Sofia. Mit Genugtuung hört Faulhaber das Loblied des Gastgebers auf den Bayernkönig Ludwig III., »der in seiner Person alle Eigenschaften eines echten und gottvertrauenden Soldaten verkörpert«.

Angesichts der tristen Nachrichten von nahezu allen Fronten erinnert sich der Feldpropst aus München endlich des Wörtchens Frieden. So auch in Bukarest! Doch dieser Friede, so gebietet Faulhaber, könne nur gewonnen werden: »durch treues Stehen zur Autorität und insbesondere auch zum monarchischen Gedanken, der sich im Krieg als reiche Segensquelle und starke Stütze des Volkes erprobt hat«.

Faulhaber 1918 nach dem Gottesdienst in Nisch. Rechts Michael Buchberger

Diese Worte und Wünsche sind so abstrus, daß man dem Redner die Redlichkeit am Friedenwillen absprechen muß. Da hetzen Thron und Altar gewissen- und verantwortungslos Millionen junger Männer ohne realistisches Erfolgskonzept an die blutige Front, und nach dem katastrophalen Desaster soll alles so bleiben wie 1914 und vorher!

Natürlich spürt Faulhaber, daß die Menschen dem Kaiser, König und Kardinal nicht mehr viel glauben und die Kriegsbereitschaft in der Heimat enorm sinkt. Doch jetzt auch noch alle Deutschen zu attackieren, die in diesem sinnlosen Morden ihr Leben bewahren wollen, zeugt von einer total degenerierten Gemüts- und Glaubensverfassung. Im Münchner Odeon greift Faulhaber am 20. März 1918 vor König Ludwig III. ohne jegliche Einsicht den Lebenswillen der Menschen an und verurteilt scharf »jene Minderwertigen, die sich durch die Sünde dem Dienste entziehen«.

Von München geht es dann im Sommer 1918 in die neutrale Schweiz, wo auf Initiative des Papstes Benedikt XV. hin 13 000 deutsche Kriegsgefangene interniert sind. Dort will sie der Münchner Bischof »wieder glaubens- und lebensfroh« machen. Am 19. Juli beginnt in Einsiedeln unter seiner Federführung die »Konferenz für Interniertenseelsorge«. In einem »streng vertraulichen« Protokoll heißt es, Faulhaber habe vor allem »eine Verhetzung der vaterländischen und monarchischen Treue« festgestellt.

Zu sehr, so beklagt der Münchner Oberhirte weiter, hätten die Franzosen »gegen Kaiser und Bundesfürsten und gegen die Monarchie« bei den Gefangenen agitiert. So sei es jetzt unbedingt erforderlich, »ein besonderes Wort zur Neubelebung des monarchischen Gedankens« zu sagen. Mit einer unglaublichen Taktlosigkeit kanzelt der Bischof dann das Gastgeberland ab. »Auf rein seelsorgerischem Gebiete ist als größter Übelstand zu beklagen, daß die Schweiz sich weigert, den Gottesdienst nach deutschmilitärischer Auffassung als Dienst zu betrachen.« Sogar in der tiefsten Schande hat für Faulhaber am deutschen Wesen weiter die Welt zu genesen.

Als er dann gar öffentlich seine Gedanken verbreitet, kommt es zur Empörung vieler Eidgenossen. So kritisieren die *Schweizerischen Republikanischen Blätter,* daß der Bischof »für den Kaiser Stimmung zu machen suchte und ihn dem katholischen Schweizervolke als den humanen Katholikenfreund vor Augen zu stellen beabsichtigte«. Weiter: »Als Kardinal Mercier in der Schweiz war, hat er es abgelehnt, während der Kriegszeit als Bischof eine Kanzel zu besteigen. Das sind so Sachen des Taktes.«

Zum Verständnis: Désirié Mercier (1851–1926) ist Erzbischof von Mecheln und forderte schon im Herbst 1915 alle deutschsprachigen Bischöfe der kriegsführenden Staaten auf, sich im Namen Christi für ein schnelles Ende des Völkermordens stark zu machen. Faulhaber hat es damals durchgesetzt, daß der entsprechende Brief aus Mecheln von keinem Oberhirrten beantwortet wurde.

Zurück zu den *Schweizerischen Republikanischen Blättern!* Der Artikel endet mit der Feststellung, der Erzbischof aus München soll doch endlich begreifen, daß man in der Schweiz »den Monarchenkultus« ablehne.

Der Fremde freilich hat nichts begriffen. Nicht einmal die Tatsache, daß die Katholiken samt ihren Bischöfen, Priestern und Ordensangehörigen in den Republiken Europas recht gut ohne Kaiser leben können und sie es in Amerika gar nicht anders kennen.

Doch auch nach der Heimkehr in seine Diözese wäre noch Zeit für ein Umdenken. Der Bischof Faulhaber aber bleibt in heiliger Einfalt bei der fixen Idee, daß die Monarchie gottgewollt sei. So macht er sich an der nächsten Katastrophe des deutschen Volkes mitschuldig. Des Dramas zweiter Teil beginnt!

3

Schulreform schlimmer als »Blutbefehl des Herodes«

Kreuzzug gegen Republik und Revolution 1918–1920

Es ist schon seltsam. Kein Kirchenfürst im Deutschen Reich hat die Monarchie so verteidigt, als Gottes Wille hingestellt, wie der Münchner Erzbischof Faulhaber. Und ausgerechnet in seiner Residenzstadt wird der erste der 23 Throne in Deutschland gestürzt. Am 7. November 1918 verläßt König Ludwig III. bei Nacht und Nebel seine Residenz. Erst zwei Tage später muß Wilhelm II. abdanken.

Faulhaber fällt aus allen Wolken. Aber damit nicht genug! Jetzt brüskieren den König auch noch die Politiker des konservativen und katholischen Lagers, das sich sofort nach der Revolution in Regensburg in der Bayerischen Volkspartei (BVP) sammelt. Sie erklären schon vier Tage nach der Flucht des Bayernkönigs frank und frei: »Fürs erste weht über Deutschland und Bayern die rote Fahne, das mußte wohl so kommen und so Gott will, wird es unserem engeren und weiteren Vaterlande am Ende doch zum Guten gereichen.«

Drei Tage darauf erklärt die BVP, man betrachte »den gegenwärtigen staatspolitischen Zustand Bayerns als eine gegebene geschichtliche Tatsache«. Am 24. November dann die Mitteilung: »Eine Wiederherstellung der Monarchie in der alten Form und Machtvollkommenheit erscheint ausgeschlossen.« Am Ende des Jahres gibt die BVP eine Zeitungsannonce auf, in der zu lesen ist: »Lügner und Verleumder! nennen wir jeden, der behauptet, die BVP spiele mit dem Gedanken der Wiedereinführung der Wittelsbacher«.

Faulhaber merkt jetzt plötzlich, daß er mit seiner albernen Behauptung, die Königstreue gehöre zu den zehn Geboten, nicht die große Gefolgschaft hat. Ja sogar der Klerus ist gespalten. Bereits am 23. November 1918 erhalten die Priester der Münchner Erzdiözese Post von ihrem Bischof. Darin der Satz: »Der geistliche Stand kann und darf nicht daran denken, der tatsächlich bestehenden öffentlichen Gewalt gewalttätigen

Widerspruch entgegenzusetzen.« Innerer Widerstand, der ist natürlich erlaubt.

Aus seiner Sicht bezeichnet Faulhaber den Staat sogar mit einem gewissen Recht als »Gewalt«. Von dieser hat er nämlich einiges zu befürchten. Unter anderem hört er, daß eine Münchner Versammlung verlangte, ihn am Glockenseil des Domes aufzuhängen. Letztlich traut man sich aber dann doch nicht. Man weiß genau (und Hitler ist sich dessen auch 15 Jahre später sicher), daß die katholische Bevölkerung in jedem Falle hinter ihrem Oberhirten steht und deswegen unberechenbar ist.

Genauso unberechenbar wie Faulhaber! Dazu ein Beispiel! Am 8. Dezember 1918 schreibt er einem alten Weggefährten nach Würzburg: »Die geistliche Schulaufsicht lassen wir ohne Kampf fallen; auch den konfessionellen Charakter der Lehrerbildungsanstalten werden wir nicht halten.« Doch das sind Phrasen. Bereits am 18. und 19. Dezember 1918 protestiert er gegen die Beseitigung der geistlichen Schulaufsicht »in jeder Form« und teilt mit: »Wir legen feierlichst Verwahrung dagegen ein.«

Jetzt beginnt die Kontroverse mit den neuen Inhabern der »Gewalt«. Es geht zunächst um die Schulpolitik. Die Revolutionäre haben nämlich beschlossen, den Religionsunterricht an allen bayerischen Schulen nur als Wahlfach zu installieren. Diese Verordnung, so teilt nun der Erzbischof seinen »Erzdiözesanen« in einem langen Hirtenbrief mit, »wiegt vor dem Richterstuhl Gottes schwerer als der Blutbefehl des Herodes«, der die »unschuldigen Kinder von Bethlehem hinschlachten ließ«.

Wörtlich läßt Faulhaber am 2. Februar 1919 von den Kanzeln verkünden: »Diese Gewissenspflicht ist so strenge, daß jene Eltern und Vormünder, die eine Willenserklärung im Sinne der neuen Verordnung abgeben, von den heiligen Sakramenten, auch vom öffentlichen Empfang der heiligen Kommunion, und im Falle des Ablebens von der kirchlichen Einsegnung ausgeschlossen werden müssen.«

Und weiter: »Jene Kinder, die nicht den vollen Religionsunterricht besucht haben, werden natürlich auch nicht zur Erstkommunion und nicht zur Firmung zugelassen. Wenn es trotzdem Rabeneltern über das Herz bringen, ihre Kinder von diesen schönsten Feiertagen der Jugend fernzuhalten, dürfen sie sich nicht beklagen, wenn sie selber als öffentliche Sünder von den heiligen Sakramenten ausgeschlossen werden.«

Was soll denn das? Viele wissen doch, daß beispielsweise in den USA die katholischen Priester nie und nimmer auf die Idee kämen, in den staatlichen Schulen Religionsunterricht zu erteilen. Dieser wird sonntags nach guter Vätersitte in großen Familientreffs mit Gottesdienst und Mittagstisch absolviert. Viele deutsche Bistumsblätter weisen ja selbst auf die vorbildliche Heiligung der Sonntage durch die Katholiken Amerikas hin – und natürlich auch auf das daraus resultierende grandiose Zusammengehörigkeitsgefühl.

Weiter übersieht Faulhaber völlig, daß in Bayern vor allem viele Eltern der Oberschicht dem Religionsunterricht deswegen sehr skeptisch gegenüberstehen, weil die Lehrer im geistlichen Gewande oft brutal die Kinder schlagen. Zudem sieht man das zeitraubende Auswendiglernen des Katechismus nicht ein. Äußerst mißtrauisch gegen den Religionsunterricht herkömmlicher Art sind auch Volksschulehrer, die bis 1918 unter der geistlichen Schulaufsicht zu leiden hatten.

Und noch etwas darf man nicht unbedacht lassen. Die katholische Kirche hat nach der Niederlage 1918 mächtig an Glaubenskredit verloren. Insbesondere wollen und können viele Christen Faulhaber nicht mehr trauen. Hat er noch vor zwei Jahren getönt, »Eisenpillen bringen Bluterneuerung«, so spricht er in seinem nunmehrigen Hirtenbrief überraschend vom »unseligen Krieg«. Auch eine wundersame Wandlung des Kirchenfürsten!

Als dann am 21. Februar 1919 Ministerpräsident Kurt Eisner ganz in der Nähe des Erzbischöflichen Palais an der Promenadestraße vom bayerischen Grafen Anton von Arco ermordet wird, glauben viele, Faulhaber stecke hinter dieser Bluttat. Das umsomehr, als er sich weigert, ein Trauergeläute anzuordnen! Da kennen aber die Revolutionäre kein Pardon. Sie stürmen die Sakristei des Doms und lassen die Glocken tönen. Während der Beisetzung Eisners auf dem Ostfriedhof dringen sechs Männer mit Gewehren in das Bischofspalais und hängen zwei Trauerfahnen zu den Fenstern hinaus. Die brutale Herrschaft der Roten beginnt. Erst am 1. Mai 1919 kann Faulhaber aufatmen. Der rote Terror geht zu Ende und der Erzbischof auf Firmungsreise.

Aber Friede zieht nicht ein. Im Gegenteil! Münchens oberster Priester macht den Politikern jetzt erst recht die Hölle heiß. Er erhebt sich in einer maßlosen Selbstüberschätzung quasi zum Politiker von Gottes Gnaden und nimmt überhaupt keine Rücksicht auf das Allgemeinwohl, auf die Bedrängnisse der jungen Republik. In einem »Pastorale« wird der Priesterstand gemahnt, »sich das Gewissen rein und frei gegenüber einer

Republik und ihrer Verfassung (zu halten), die aus der Sünde der Revolution und damit aus dem Fluche geboren sind und diesen Fluch bis ins dritte und vierte Geschlecht vererben werden«. Drittes Geschlecht - das wäre jetzt, in der Zeit der Jahrtausendwende!

Dann der Angriff auf die SPD, die entsprechend der Erfahrungen und Erlebnisse in der Vergangenheit die Trennung von Kirche und Staat verlangt. So ganz nach dem Muster der USA, die Faulhaber natürlich nicht attakiert! Am 26. Oktober 1919 geht der Zorn des Münchner Oberhirten auf die deutsche Linke nieder, der er »einen merkwürdigen Widerspruch« attestiert: »Wenn Religion Privatsache wäre, müßte man folgerichtig im öffentlichen Leben von Religion schweigen und den religiösen Fragen gegenüber Neutralität beobachten. Statt dessen haben sie mit dem gleichen Atemzug, mit dem sie die Religion als Privatsache erklären, den Kampf gegen die Religion als Parteisache erklärt.« Will oder kann Faulhaber nicht einsehen, daß sich der Staat auf dem langen und bangen Weg zur Trennung von Staat und Religion natürlich mit den Gegnern, mit Leuten anderer Geisteshaltung auseinandersetzen muß?

Aber Faulhaber nörgelt auch an Entscheidungen herum, die seine Kirche nur wenig tangieren und die heute längst vom konservativsten Katholiken akzeptiert sind. Beispiel: der neue »bürgerliche Eid«. Im Herbst 1919 beschimpft Faulhaber deswegen das Reichsjustizministerium. Zitat aus einem Brief vom 18. November 1919: »Nun aber ist jeder wirkliche Eid ein Bekenntnis der religiösen Überzeugung und ein Akt der Gottesverehrung.« Der Eid ein Credo aus dem katholischen Meßritus, da kann man wirklich nur noch den Satz der Bergpredigt zitieren: »Selig die Armen im Geiste« (Matthäus 5,3). Dann zu allem Überdruß noch die herrliche Folgerung Faulhabers: »Ein Aussprechen der Schwurformel ohne Gottesglauben ist nach unserer Auffassung eine Eideskomödie, ein Scheineid, also kein Eid.«

Und er hebt den Zeigefinger weiter! So auch im Sommer 1920! Ausgerechnet er, der den »Königen von Volkes Gnaden« ständig die Leviten liest, beschwert sich bei ihnen über seine Geldnot. Doch die Forderung nach einer Aufstockung seines Etats wird abgeschmettert. Faulhaber: »Für zwei Reifen für den Firmungskraftwagen habe ich neulich 7300 Mark bezahlt. Aber dafür fehlt das Verständnis den heutigen Staatsmännern, weil ihre Reifen nichts kosten.« Wenig später schreibt er aus Adelholzen: »Die kleine Zahl der Denker meint: Bis morgen die Sonne aufgeht, ist die Monarchie wieder da.« Der Morgen kommt wieder – aber nicht das Königtum! Und so macht es Faulhaber der jungen Republik weiter so schwer wie möglich. Als um die Jahreswende vorgeschlagen wird, im Gedenken an die Opfer des Ersten Weltkrieges einen »Nationalen Trauertag« einzuführen, kontert er: »Unser Trauertag ist der Allerseelentag. Katholische Trauerliturgie sonntags überhaupt verboten.« Und weiter: »Ich bin der Auffassung: Daß wir Bischöfe kirchliche Feiern uns nicht von Berlin diktieren lassen dürfen, auch nicht vom Reichstag, und daß wir in Bayern uns nicht nach dem protestantischen Norden zu richten haben.«

Komisch, vor drei Jahren hat er sich gerne nach dem protestantischen Kaiser gerichtet! Und noch etwas: Kein Katholik wird heute gegen den Totensonntag und Volkstrauertag (ebenfalls ein Sonntag) im November Stellung beziehen.

Michael,

durch Gottes Barmherzigkeit und des Apostolischen Thrones Gnade

Erzbischof von München und Freising,

entbietet allen Gläubigen des Erzbistums

Gruß und Segen im Herrn.

Herodes der Kindermörder ließ die unschuldigen Kinder von Bethlehem hinschlachten. Unbekümmert um das Weinen und Wehklagen der Mütter, unbekümmert um das Todeswimmern der sterbenden Kinder, ließ er an wehrlosen Kindern seine Wut aus, um mit ihnen den neugebornen König der Juden, den vermeintlichen Anwärter seines Thrones aus dem Wege zu schaffen. Nach dem Zeugnis des Evangeliums hatte aber auch die Macht dieses Emporkömmlings von Judäa eine Grenze: „Die dem Kinde nach dem Leben strebten, sind gestorben" (Matth. 2, 20), und vor dem Richterstuhl der Geschichte ist Herodes mit dem Fluche eines Kindermörders belegt.

Geliebte Erzdiözesanen! Am letzten Montag ist im Volksstaate Bayern eine Verordnung ergangen, die vor dem Richterstuhl Gottes schwerer wiegt als der Blutbefehl des Herodes. Durch eine Verordnung des Unterrichtsministers wurde der Religionsunterricht in allen bayerischen Schulen als Pflichtfach abgesetzt und als Wahlfach der Willkür der Eltern und Vormünder ausgeliefert.

Beginn des Hirtenbriefes vom 29. Januar 1919

4

»Warum mahlen deine Mühlen so langsam?«

Nach der Revolution wartet Faulhaber auf ein göttliches Strafgericht - 1921

In dieser seiner Funktion als selbsternannter Führer der nationalen Sache kommt Faulhaber gerade eine Frohbotschaft aus Rom recht. Papst Benedikt XV. hat wissen lassen, er werde Faulhaber zum Kardinal erheben. Die Nachricht überbringt Nuntius Pacelli, der spätere Pius XII. In seinem Dankesschreiben an den Papst erklärt der neue Purpurträger, froh zu sein »aus diesem Land des Todesschattens« nach Rom eilen zu dürfen. Er tut wieder so, als sei er an der fürchterlichen Entwicklung des Staates ganz unbeteiligt.

Und er macht immer einen Schuldigen aus. So auch bei den schleppenden Verhandlungen um ein neues Konkordat! Unumwunden gibt er sein Ziel zu, »die Rechte der Kirche in relativ hohem Grade« auszubauen. Da in vielerlei Hinsicht Bedenken laut werden, teilt er dem Papst in Rom mit: »Die Feinde der Kirche, besonders die Protestanten in Preußen, wollen der katholischen Kirche in Bayern diesen völkerrechtlichen Triumph nicht gönnen.« Lesen Sie bitte diesen Satz noch einmal, um seine ganze Ungeheuerlichtkeit zu erfassen!

Natürlich ist dem Kirchenfürsten bewußt, daß er den greisen König Ludwig leichter von seiner Meinung überzeugen konnte, als dies mit »Königen von Volkes Gnaden« möglich ist. In einem Punkt lassen diese nämlich mit sich überhaupt nicht reden.

Über die republikanische Staatsform! Gustav Kahr, der erste bayerische Ministerpräsident, den die BVP stellt, erklärt zum Ärger Faulhabers: »An die Spitze stelle ich das Bekenntnis treuen Festhaltens an der Reichs- und Landesverfassung. Jedem Versuch, sie gewaltsam zu ändern, wird die Regierung mit allen Mitteln entgegentreten, von welcher Seite solche Versuche auch kommen mögen.« Nicht anders urteilt der nächste BVP-Ministerpräsident Lerchenfeld. »Kein vernünftiger Mann in Bayern«, so sagt er, »denke daran, die Monarchie durch einen Staatsstreich wieder aufrichten zu wollen.«

Doch im Herbst 1921 ist man in Bayern diesem Staatsstreich bedenklich nahe. Am 18. Oktober stirbt in seinem ungarischen Exil der geflüchtete König Ludwig III. »Die Trauerfeier«, so teilt Faulhaber seinen bayerischen Amtsbrüdern mit, »muß nicht bloß in der Beteiligung, sondern mehr noch in ihrer inneren Art über jeden Vergleich mit der Trauerparade für Eisner sich von selbst hinausheben.« An dieser Formulierung fällt wohlwollend auf, daß er nicht, wie sonst gern, vom »Juden Eisner« redet.

Und so läuft in Zeiten bitterer Armut am 5. November 1921 ein gigantisches Trauerzeremoniell ab. Ganz München ist auf den Beinen. Viele erwarten oder befürchten die Ausrufung des Kronprinzen Rupprecht zum »neuen König«. Straßen und Plätze der Innenstadt sind voller Neugieriger. Drinnen im Dom putscht Faulhaber die Gläubigen richtiggehend auf. »König Ludwig war nicht König von Volkes Gnaden, er war König von Gottes Gnaden; die Gottesgnade aber bestand darin, daß er sein Königtum als Dienst am Wohle des Volkes auffaßte und die Herrscherpflichten stärker betonte als die Herrscherrechte.« Die Frage, wer denn 1914 die jungen Männer in das große Völkerschlachten geschickt hat und wer, wie Ludwig, davon reichen Staatszuwachs (das Elsaß nämlich) erwartete, stellt Faulhaber natürlich nicht.

Dann sein böses Wort, das eindeutig auf die BVP-Staatsregierung und Reichspräsident Friedrich Ebert gemünzt ist: »Könige von Volkes Gnaden sind keine Gnade für das Volk, und wo das Volk sein eigener König ist, wird es über kurz oder lang auch sein eigener Totengräber.« Hätte Faulhaber nur ein bißchen überlegt, dann hätten ihm zumindest die Amerikaner, Schweizer und Franzosen einfallen müssen, die nun wirklich noch andere Berufe als den des »Totengräbers« ausüben – und das teilweise schon seit Jahrhunderten!

Aber der gnadenlose Schwachsinn im Münchner Liebfrauendom dauert munter an: »Die Saat vom November 1918 ist noch nicht ausgereift. Unser Volk hat den Kelch der Bitterkeit immer noch nicht bis zur tiefsten Hefe getrunken.« Wer nun meint, damit habe Faulhaber ja recht und auf Hitler verweist, sollte sich schon mal fragen, wer denn in diesem üblen Spiel der Steigbügelhalter der Braunen ist? Die von allen Bürgern (erstmals auch Frauen) gewählten Volksvertreter oder der selbsternannte Generalkläger gegen demokratische Gepflogenheiten mit dem Wohnsitz in München?

Wie falsch das Spiel auf der Kanzel weitergeht, zeigt der nächste Ausspruch. Natürlich wolle er, Faulhaber, keine Anklage gegen die »Könige von Volkes Gnaden« erheben. Doch er weiß da einen, der das schon verläßlich macht. Faulhaber: »Der Herr hat gesagt: Mein ist die Rache und ich werde vergelten zur rechten Zeit.« Schließlich der Gipfel der Unverfrorenheit in dieser schwülen Stunde: »Wir Menschen dürfen nicht fragen: Menschenwächter, warum mahlen deine Mühlen so langsam?« Wie unendlich rational!

Ministerpräsident Lerchenfeld von der konservativen BVP: Gegen die Wiedereinführung der Monarchie, wie sie sich Faulhaber vorstellt.

Fast alle im Dom warten nun auf die Ausrufung Rupprechts zum neuen Bayernkönig. Doch der entscheidende Satz bleibt aus. Dafür hatte der Zeremonienmeister der Trauerfeier, Gustav Kahr, gesorgt. »Bayern und sein guter Ruf«, so erklärt er, »waren mir zu lieb, und der monarchische Gedanken aus dem Gesichtspunkte des staatlichen Gedeihens zu wertvoll, um sie solchen Experimenten und Gefahren preiszugeben.«

Und auch Rupprecht spielt mit, muß mitspielen. »Der neue König«, so spöttelte Kahr, »war unter meinem Geleite fast unbemerkt durch die Sakristei in ein benachbartes Privathaus gelangt.« Der Monarchie hat endgültig das letzte Stündlein geschlagen.

Wir wissen nicht, ob und wie sich der Kirchenfürst über das Verhalten des Kronprinzen und Kahrs ärgert. Doch die Diffamierung der Revolution und der Vertreter der Republik geht weiter. Das nächste Faulhaber-Opfer ist ein treuer Katholik: der Kölner Oberbürgermeister und nachmalige erste Kanzler der Bundesrepublik Deutschland, Konrad Adenauer!

5

»Die Revolution war Meineid und Hochverrat«

Auf dem Münchner Katholikentag kommt es zum Krach mit Adenauer – 1922

Im August 1922 ist Katholikentag in München. Und diesen will Faulhaber, als Gastgeber, ganz an seiner politischen Leitlinie ausrichten. Das beginnt schon damit, daß er den deutschen Reichskanzler Joseph Wirth nicht einlädt. Dieser untadelige Zentrumspolitiker, dem der Wind auf dem internationalen Parkett (Rapallo) eiskalt ins Gesicht bläst, reagiert darauf entsetzt und verletzt und schreibt an Faulhaber: »Ich kann es aber nicht verhehlen, daß es für mich als Katholiken ein tief schmerzliches Gefühl ist, daß der katholische Kanzler des Deutschen Reichs dem Deutschen Katholikentag nicht beiwohnen kann, weil die Stimmung des Landes, in dem er abgehalten wird, in solchem Maße verhetzt ist.«

Wirth erinnert in diesem Zusammenhang auch an die Attentate der letzten Zeit. Dann die Bitte des noblen Kanzlers, doch zu überlegen, »mit welchen Mitteln Sie dieser Stimmung unter der katholischen Bevölkerung Ihres Landes, die ich dem Gedeihen unseres Vaterlandes äußerst abträglich bezeichnen muß, entgegentreten wollen und können«.

Doch Faulhaber will ja gar nicht an der staatlichen Neuordnung, mit der die Mehrheit des ganzen Volkes einverstanden ist, mitarbeiten. Er hat nur ein Ziel, dem republikanischen Gemeinwesen zu schaden, ihm den Todesstoß zu geben (so wie später Hitler). Als Argumente spielt er (oft in ganz primitiver Manier) sogar Behauptungen aus, die nur wenig oder nichts mit dem Glauben zu tun haben und die heute wirklich jeden Katholiken befremden.

Speziell auf dem Münchner Katholikentag konfrontiert der Erzbischof den Staat mit einem gottsjämmerlichen Sündenregister. Hören wir kurz in seine Rede hinein: »Wehe dem Staat, der seine Rechtsordnung und Gesetzgebung nicht auf den Boden der Gebote Gottes stellt, der eine Verfassung schafft ohne den Namen Gottes, der die Rechte der Eltern in seinem Schulgesetz nicht kennt, der die Theaterseuche und die Kinoseuche nicht fernhält von seinem Volk, der Gesetze gibt, die die Ehescheidung erleichtern, die die uneheliche Mutterschaft in Schutz nehmen.«

Der Kirchenbann der mittelalterlichen Päpste war dagegen noch ein Beruhigungsmittel aus der Apotheke der heiligen Hildegard von Bingen. Was sieht man denn 1922 im Kino schon? Harmlosigkeiten! Und wer hat je »die Rechte der Eltern« definiert? Verwechselt er sie nicht mit der Sturheit seinerselbst?

In seiner Maßlosigkeit folgt dann die Quintessenz des Gesagten: »Die Revolution war Meineid und Hochverrat und bleibt in der Geschichte erblich belastet und gezeichnet mit dem Kainsmal, auch wenn sie gute Erfolge neben den schlechten, wenn sie Vorteile brachte da und dort.« Man vergegenwärtige sich: »Erblich belastet.« Kein normal denkender jugendlicher Katholik würde heute von einem »Kainsmal« sprechen. Dabei sind noch keine drei Generationen seit diesem denkwürdigen Auftritt vergangen.

Aber ja schon damals regt sich kompetenter Widerstand gegen diese unsinnige Formulierung. Der erste ist Adenauer, der Präsident des Katholikentages, der kategorisch erklärt, Faulhabers Ansicht mache »sich die Gesamtheit der deutschen Katholiken wohl nicht ohne weiteres zu eigen«. Hören wir ihm weiter zu: »Wenn im Herbste der Wind die Blätter von den Bäumen fegt, so ist der Wind nur der Anstoß, denn die Blätter waren alt und müde, und wenn der Sturm Äste und Bäume bricht, so war der Sturm nur der Anstoß, denn die Bäume und Äste waren alt, denn wären sie nicht morsch und lebensschwach gewesen, so hätten sie den Sturm überdauert.«

Die Monarchen vergangener Tage sind also für Adenauer morsche Bäume und Äste gewesen. Faulhaber ist erregt. Doch der Rheinländer setzt noch einen drauf. »Wie ich an das Walten einer Gerechtigkeit glaube, so glaube ich auch daran, daß etwas, was gut und stark ist, nicht untergehen kann.« Dann das Wort, das Adenauer an der Jahrtausendwende total rechtfertigt: »Manches werden wir über Jahr und Tag, wenn wir erst einen gewissen Abstand von den Ereignissen gewonnen haben, anders ansehen als heute.«

Zornig stürzt Faulhaber auf Adenauer zu. »Herr Oberbürgermeister«, so herrscht der Münchner Erzbischof den künftigen Bundeskanzler wie einen kleinen Schuljungen an, »Sie haben unserem König nicht die schuldige Achtung erwiesen; das lassen wir uns nicht gefallen.« Darauf wird Adenauer böse und sagt: »Wenn diese Ihre Leute die deutschen Katholiken sind, dann bedauere ich den Heiligen Vater.« Mit anderen Worten: Ein großes Kirchenlicht sind Sie nicht Herr Erzbischof!

Natürlich berichten die Zeitungen groß über diese Kontroverse. Die vielgelesene *Freiheit* meint: »Es fällt keinem amerikanischen Kardinal ein, derart unsinniges Zeug über die amerikanische Revolution zu reden, wie es der Kardinal Faulhaber in München getan hat.« Aber: »Auf Katholikentagen wurde schon manch törichtes Wort geredet.«

Faulhaber hat in dieser prickelnden Situation seine Anhänger hinter sich. Sein Freund Alois zu Löwenstein, der auch Präsident des Zentralkomitees der Deutschen Katholikentage ist, schreibt ihm am 11. September 1922: »Diese Gelegenheit möchte ich benützen, Um Euer Eminenz mein lebhaftestes Bedauern zu Füßen zu legen über die in höchstem Grade ungehörige Schlußrede des ersten Präsidenten der Generalversammlung.« Fazit: Adenauer hat »völlig versagt«.

Drei Tage später verfaßt Faulhaber einen geharnischten Brief an Kanzler Wirth. Er erzählt, wie schmerzlich »es für uns katholische Bayern« auf dem Frankfurter Katholikentag des Vorjahres 1921 war, als er zu den Teilnehmern sprach. Außerdem sei »es nach meiner Auffassung nicht unumgänglich notwendig, daß sämtliche katholischen Minister teilnehmen«. Der Reichskanzler wird also mit einem gewöhnlichen Minister, von denen es in Deutschland mehr als hundert gibt, gleichgesetzt!

Und überhaupt, so schreibt Faulhaber, vor einem Attentat müsse sich ein Reichskanzler in Bayern nicht fürchten. Denn: »Weder die Verbrechermörder von Erzberger, noch die von Dr. Rathenau sind Bayern gewesen.« So einfach ist alles. Natürlich wird mit keiner Silbe Graf Arco erwähnt, der vor zwei Jahren den bayerischen Ministerpräsidenten Eisner niedergestreckt hat.

Noch himmelschreiender wirkt dann das Rechtfertigungsschreiben an die Kurie in Rom. »Ich habe nicht«, so teilt er die Wahrheit arg strapazierend am 19. September 1922 dem Unterstaatssekretär Giuseppe Pizzardo mit, »die jetzige republikanische Staatsform verdammt.« Es gebe Zentrumsleute, mit denen sei er ganz und gar nicht einverstanden. »Diesen Männern und weiblichen Abgeordneten mußte gesagt werden, daß es außer den staatlichen Gesetzfabriken noch ein kirchliches Lehramt gibt und daß auch das öffentliche Leben nach den Geboten Gottes eingerichtet werden muß.«

Schon die Tatsache, daß Faulhaber das vom ganzen deutschen Volk gewählte Parlament als eine bloße »Gesetzfabrik« diffamiert, hätte Pizzardo aufhorchen lassen müssen. Doch er hat sich noch mehr anzuhören. So beklagt Faulhaber, daß »einige Zentrumsherren mehr Protestanten in das Zentrum aufnehmen und so den Konfessionscharakter des Zentrums noch mehr zurücktreten lassen.« Dann der Schwachsinn: »In einer Zeit, in der wir um die Rechte und die Freiheit der Kirche und um die Konfessionsschulen kämpfen, kann man dem katholischen Volke nicht zumuten, einem nichtkatholischen Abgeordneten die Stimme zu geben.«

Daraufhin der Angriff auf Adenauer! Faulhaber an Pizzardo: »Bürgermeister Dr. Adenauer von Köln kam in der Schlußrede plötzlich auf das rein politische Gebiet und wollte die Politik des Zentrum in Schutz nehmen.« Daß er, Faulhaber, selbst vorher die Weimarer Verfassung angegriffen und die Revolution verurteilt hatte, also in die politische Arena gestiegen ist, verschweigt er. Und weiter: »Ich bitte darum Eure Exzellenz, es möge keine päpstliche Kundgebung erfolgen, die von den Katholiken als Zustimmung zur Politik des Zentrums und zu seiner Koalition mit der Sozialdemokratie ausgelegt werden könnte.« Schließlich das Diktat Faulhabers nach Rom: »Praesident Adenauer wird die päpstliche Auszeichnung, die früher für den Praesidenten üblich war, nicht erhalten können.«

Am selben Tag interpretiert der Münchner Erzbischof in einer abenteuerlichen Form auch dem bayerischen Gesandten in Rom, Baron Ritter, seine Äußerungen auf dem Katholikentag. »Ich habe die Revolution als ein Unrecht gegen das vierte Gebot gekennzeichnet und auch für die staatliche Gesetzgebung das Richtmaß der Gebote Gottes gefordert. Damit habe ich nicht die Verfassung von Weimar und die republikanische Staatsform in sich verurteilt; denn eine Verfassung kann rechtmäßig zustande gekommen sein, ohne daß dadurch die vorausgehende Revolution legitimiert wird.« Dann ein wunderbarer Vergleich: »Ein unehelich Geborener kann ein ordentlicher Mensch werden, ohne daß damit die uneheliche Mutterschaft als solche Rechtsdasein erhält.«

Dem Nuntius Pacelli, der selbst am Münchner Katholikentag die Festrede Faulhabers gehört hatte, lügt er am 19. Oktober 1922 aus Adelholzen in einer nicht mehr zu überbietenden Dreistigkeit vor: »Von der Republik oder der Monarchie oder einer andern Staatsform war mit keinem Wort die Rede.« Was mag da in Pacelli vorgehen? Überdies hat er auch noch die Ansprache Faulhabers nachlesen können. Kurzum: Er wußte, in welch böser Form der Münchner mit der Weimarer Republik abrechnete. Siehe oben (»Wehe dem Staat, ...«).

Faulhabers Wappen nach der Berufung ins Kardinalskollegium

6

Hitler – ein »Mann des Volkes»

Der Kardinal schlägt sich immer mehr auf die Seite der Faschisten - 1923-1927

All diese Diskussionen und Angriffe schwächen natürlich den auf schwachen Füßen stehenden Staat Weimars. Faulhaber will nach wie vor eine Art Gottesstaat nach katholischem Strickmuster. Und das in einem Land, das über die Hälfte protestantisch ist! Seine Ideen verbreitet er sogar in den USA, wohin er sich im Frühjahr 1923 begibt, um Spenden für die notleidende Heimat zu erbitten. Nach einem Empfang bei US-Präsident Warren Harding fühlt er sich offensichtlich noch mehr bewogen, in der deutschen Politik ein entscheidendes, wenn nicht das entscheidende Wort mitzusprechen.

Wenn alles halt nicht so peinlich wäre! Am 4. August 1923 schreibt er an Papst Pius XI.: »Das deutsche Volk wird zu spät erkennen, wie es auch 1917 zu spät erkannte, was ihm zum Frieden dient.« Man greift sich an den Kopf. 1917 hat dieser Faulhaber noch den Krieg als Segen des Himmels gepriesen.

Weiter erfährt der Heilige Vater aus München: »Auf mir lastet diese furchtbare Erkenntnis: Den Deutschen ist nicht zu raten und zu helfen. Protestantismus und Sozialismus haben eine Binde über die Augen unseres Volkes gelegt.« Den Durch- und Überblick spricht er in diesem Zusammenhang auch treuen Katholiken ab. So diffamiert er den Ende 1922 zurückgetretenen Reichskanzler Wirth. Dieser, so Faulhaber, rede zwar viel »von der Freiheit der Kirche im neuen republikanischen Staat, wenn aber diese Freiheit der Kirche im Konkordat oder Schulgesetz gesetzlich anerkannt werden soll, kommt immer wieder die Idee der alten Staatsomnipotenz zum Vorschein.«

Bei all diesen Äußerungen merkt Faulhaber nicht, wie er und seine bayerischen Separatisten in Deutschland in der Minderheit sind. In diesem Frontenklima, das ja in den Augen dieser konservativen Liga auch noch durch die Protestanten und Kommunisten (und leider zunehmend auch der Antisemiten) verschärft wird, wächst schön langsam der Keim der nationalsozialistischen Dummheiten heran. 1923 noch wohl getarnt und unscheinbar unter der Fahne der vaterländischen Organisationen!

Und ihnen erliegt leider Gottes auch das von Faulhaber gebenedeite Haus Wittelsbach. Am 4. November 1923, also fünf Tage vor dem Hitlerputsch in München, nehmen Kronprinz Rupprecht, den der Hohepriester Münchens so gerne als König gesehen hätte, und sein Onkel, der ehemalige Feldmarschall, Prinz Leopold, die Parade der SA vor der Residenz ab. An beiden Wittelsbachern wird auch schon die Hakenkreuzfahne vorbeigetragen. Veröffentlichung des Photos in der *Süddeutschen Zeitung* (30. April 1946).

Exakt in dieser Zeit entspinnt sich ein skurriler Briefwechsel zwischen Faulhaber und Rupprecht. Der Kardinal: »Ich habe nie ein Hehl daraus gemacht, daß die Treue des bayerischen Volkes zu seinem Königshaus das Recht der völkischen Selbstbestimmung für sich in Anspruch nimmt.« Ein wahrer Gespensterglaube! Vier Jahre nach der Revolution spricht der Kirchenfürst immer noch vom Königshaus.

Dabei wäre jetzt die große Chance, die Demokratie zu stabilisieren! Reichspräsident Ebert gibt den Oberbefehl der Wehrmacht an Generaloberst Hans von Seeckt ab. Die NSDAP wird zur Genugtuung der Besten im Staat im gesamten Reichsgebiet verboten.

Doch in Bayern blüht der Separatismus. In seiner Not wendet sich nun der lautere Reichskanzler Stresemann an Faulhaber und bittet ihn, der sich durch seine zweifelhaften Aktivitäten zum starken Mann in Bayern emporgeschwungen hatte, nach Berlin zu reisen. Mit Engelszungen wird der Kirchenfürst beschworen, in der deutschen Metropole, sichtbar für jedermann, die politische Solidarität mit dem Reich zu bekunden.

Die Antwort aus München in dieser günstigen Stunde für Volk und Demokratie ist erschütternd. Faulhaber erzählt, daß er nicht gesund sei und außerdem »kirchenrechtliche Bedenken« gegen eine solche Reise habe. Zu Hitler soll er einmal auf den Obersalzberg reisen, da wird er keine »kirchenrechtliche Bedenken« haben. Wie kann man seine Ablehnung der Republik mehr zur Schau stellen?

Doch in seinem Antwortschreiben an Stresemann wird der Kirchenfürst noch unverständlicher. Er teilt dem Kanzler mit: »Ich habe nie ein Hehl daraus gemacht, daß alle reichsschulgesetzlichen Versuche, die bisher zu Recht bestehende Bekenntnisschule in ihrem Rechtsbestand zu bedrohen und damit in die Freiheit der Elterngewissen einzugreifen, das Vertrauen weiter Volkskreise zum neuen Reich erschüttern.« Unvorstellbar einseitig dieses Argument! In den USA hat Faulhaber nicht eine einzige staatliche Bekenntnisschule gesehen – aber eine intakte Kirche, was er auch noch selbst zugibt!

Dann noch unsere Wißbegierde! Woher weiß denn Faulhaber, daß die Bekenntnisschule Elternwille ist? Hat er die Väter und Mütter zwischen Kiel und Karwendel gefragt? Das mögen alles Überlegungen Stresemanns sein. Spätestens jetzt kann er nicht mehr daran zweifeln, daß Faulhaber am Rechtsstaat rüttelt, gewaltig rüttelt, daß er das Gemeinwohl seinem starren und wirren Kopf unterordnet.

Ein Kardinal amtiert normalerweise, solange er lebt, doch nicht ein Kanzler. Gustav Stresemann, von tausend Gewissensbissen gepeinigt, stellt die Vertrauensfrage, verliert sie und tritt am 23. November 1923 zurück. Reichspräsident Ebert sagt zu den Parteifreunden des Gestürzten: »Die Folgen eurer Dummheit werdet ihr noch zehn Jahre lang spüren.« Nur am Rande, exakt im November 1933 unterstützt Faulhaber den inzwischen zum Kanzler ernannten Hitler bei der Abstimmung zum »Friedenswillen des deutschen Volkes«.

Die Hetze gegen Weimar führt Faulhaber auch 1924 munter fort. Ende Mai predigt er aus Anlaß der Domweihe in Linz: »Literatur, Theater und Kino sind so tierisch geworden, dass man sich wundert, dass die Menschen von heute nicht schon wie die Tiere auf allen vieren kriechen und Staub fressen wie die Schlangen.« Daß er sich bei diesem Tiervergleich selbst zum Rattenfänger entpuppt, merkt er selbstverständlich nicht. Es ist dies nämlich ausgerechnet die Zeit, in der die wunderbare Elisabeth Bergner in Berlin die »Kameliendame« spielt, die geniale Käthe Kollwitz ihr grandioses Werk »Der Krieg« vorstellt, in den Kinos der Film »Ein Glas Wasser« (mit Lucie Höflich) läuft, in Weimar Bela Bartoks Oper »Herzog Blaubarts Burg« einstudiert wird, in München Bertolt Brechts »Trommeln in der Nacht« und Karl Valentins »Firmling« gefeiert und Thomas Manns »Bekenntnisse des Hochstaplers Felix Krull« gelesen werden.

Als dann kurz darauf die Reichsregierung die gesellschaftlich relevanten Gruppen bittet, den Verfassungstag in besonderer Weise zu begehen, schreibt Faulhaber am 23. Juli an Reichsinnenminister Karl Jarres: »So wie die innenpolitischen Verhältnisse im Reiche heute sich darstellen, ist jede Kundgebung gegen die Verfassung von Weimar oder für diese

Verfassung eine parteipolitische Losung geworden.« Hat man da noch Worte? Das Herz der jungen deutschen Demokratie, die Verfassung, wird plötzlich zur Parteipolitik!

Aber es kommt noch schlimmer. Ein Gedenken an dieses Juwel der deutschen Geschichte (das sollte sich ja unter Hitler besonders schmerzlich herausstellen), so meint Faulhaber, sei für die Gläubigen »eine Entweihung des Gotteshauses«. Daß er später im Münchner Dom Preislieder auf Hitler singen wird, man stelle sich das vor, sieht der Kirchenmann nicht als Entweihung an!

Auf der bayerischen Bischofskonferenz wird dann weiter gegen das von Frankreich und Faulhaber verfolgte Weimar gehetzt. In dem vom Münchner Kardinal am 10. September 1924 unterzeichneten Protokoll muß man folgenden Unsinn lesen: »Über die Auswüchse in der heutigen Sportpflege, im besonderen über die weiblichen Turnerriegen und das gemeinsame Baden, kommt eine längere Aussprache zu dem Ergebnis: Diese Frage kann nur als Teilfrage in dem großen Fragenkomplex der modernen öffentlichen Unsittlichkeit behandelt werden.«

Als dann 1924 endlich das von Pacelli ausgearbeitete Konkordat fertig ist, hängt auch in der Kirche Gottes der Haussegen schief. Unvorstellbar – aber wahr! Am 29. Januar 1925 schreibt Faulhaber an den bayerischen Episkopat, diese Abmachung sei »viel zu teuer erkauft«. Warum? »Durch die gleichzeitigen Verträge mit dem Protestantismus, der auf diese Weise die durch die Revolution zerbrochene staatliche Stütze wieder erhalten hat, und zwar auf dem gleichen Rechtsboden wie die katholische Kirche, obwohl die rechtlichen Voraussetzungen beiderseits sehr verschieden waren.« Was soll man da sagen?

Am 3. März 1925 ein weiterer Stich gegen Weimar! Zu Königszeiten läuteten an Geburts-, Namens- und Todestagen der Hoheiten die Kirchenglocken. Jetzt ist eben Reichspräsident Ebert gestorben. Und Faulhaber lehnt das Trauergeläute in Briefen an alle Pfarrämter kategorisch ab. Faulhabers Begründung: »Ebert stand auf dem Boden der Weimarer Verfassung, die grundsätzlich auf eine Trennung von Staat und Kirche abzielt.«

Da fühlt sich der Erzbischof woanders besser aufgehoben. 1925 erscheint wieder ein Büchlein von ihm. Titel: »Deutsches Ehrgefühl und katholisches Gewissen«. Wir lesen: »Darüber zu urteilen, was katholisch ist oder was an das Wesen des Katholizismus greift, ist Sache des kirchlichen Lehramtes.« Und gleich im nächsten Satz gibt er sich als »Träger« dieses Lehramtes aus.

Das wäre nun gar nicht so schlimm, wenn Faulhaber nicht zu politisieren begänne. Zitat eins: »Das Oberhaupt des italienischen Faschismus aber hat bis heute mit fester Hand die Geister des Kulturkampfes im Zaum gehalten.« Mussolini ist natürlich damit gemeint, der sich mit einer bösen Agitation und viel Terror profilierte, im Oktober 1922 mit seinem »Marsch auf Rom« die Macht an sich riß und als Diktator die Verfassung nach seinen Vorstellungen änderte.

Im darauffolgenden Text hängt dann der Münchner Erzbischof Faulhaber seine Bewunderung des deutschen Faschistenführers an die große Glocke. Zitat: »Adolf Hitler wußte besser als die Diadochen seiner Bewegung, daß die deutsche Geschichte nicht erst 1870 und nicht erst 1517 begann, daß für die Wiederaufrichtung des deutschen Volkes die Kraftquellen der christlichen Kultur unentbehrlich sind, daß mit Wotanskult und Romhaß das Werk der Wiederaufrichtung nicht geleistet werden kann. Als Mann des Volkes kannte er auch die Seele des süddeutschen Volkes besser als andere und wußte, daß mit einer Bewegung, die in ihrer Kehrseite Kampf gegen Rom ist, die Seele des Volkes nicht erobert wird.«

Man müßte nun wahrlich bei dieser ekelerregenden Beweihräucherung durch den Kardinal seine Biographie schließen. Dies alles ist kaum zu glauben und noch weniger erträglich. Doch es kommt ja alles noch viel viel schlimmer!

Schuld daran ist natürlich zum Teil auch die obrigkeitsgläubige Zeit. Als 1926 die Staatsanwaltschaft in Stuttgart gegen ihn wegen seiner Äußerungen auf dem Münchner Katholikentag ermittelt, verläuft schließlich alles im Sande. Ein Journalist, der den Kardinal einen »Intriganten größten Ausmaßes« genannt hatte, wird von ihm angezeigt und muß 1927 eine sechsmonatige Gefängnisstrafe antreten.

In diesem Jahr protegiert der Kardinal auch seinen besten Freund, einen der wenigen, mit dem er sich duzt. Michael Buchberger. Faulhaber setzt alle Hebel in Bewegung, daß dieser sein Domkapitular auf den Regensburger Bischofsstuhl berufen wird. Der Kamerad aus alten Tagen, ein gescheiter und gütiger Mann, widerspricht ihm nämlich zuviel. Als einmal in einer Sache das Münchner Domkapitel einmütig anderer Auffassung als Faulhaber war, sagte dieser sinngemäß: Der Erzbischof hat

15 Stimmen, das Kapitel nur 14. Die Abstimmung ist also klar entschieden. Daraufhin protestierte Buchberger.

In Regensburg erzählt er, der das Lexikon für Theologie und Kirche mitherausgibt, wiederholt diese Geschichte, wenn von Faulhaber die Rede ist. Wir stellen fest: Mehr als viele Worte offenbaren dieses Sendungsbewußtsein und die eklatante Rechthaberei den Charakter des Bäckersohnes aus Franken!

Adolf Hitler wußte besser als die Diadochen seiner Bewegung, daß die deutsche Geschichte nicht erst 1870 und nicht erst 1517 begann, daß für die Wiederaufrichtung des deutschen Volkes die Kraftquellen der christlichen Kultur unentbehrlich sind, daß mit Wotanskult und Romhaß das Werk der Wiederaufrichtung nicht geleistet werden kann. Als Mann des Volkes kannte er auch die Seele des süddeutschen Volkes besser als andere und wußte, daß mit einer Bewegung, die in ihrer Kehrseite Kampf gegen Rom ist, die Seele des Volkes nicht erobert wird. Es liegt eine erschütternde Tragik in der Tatsache, daß die ursprünglich reine Quelle durch spätere Nebenflüsse und durch Kulturkampf vergiftet wurde.

Faulhabers Lob auf Hitler 1925 (abgedruckt im Buch »Deutsches Ehrgefühl und Katholisches Gewissen«)

7

»Volles Pluder-Badekostüm für beide Geschlechter«

Feststellung eines Sittenverfalles und Ablehnung der Koedukation - 1928-1932

Jeder intelligente Mensch in Deutschland weiß um die Endzeitstimmung am Ende der zwanziger Jahre. Nur Faulhaber merkt nichts. Im Sommer 1928 kritisiert er wieder einmal den »alten bayerischen Staatsliberalismus« und nimmt anschließend den Kultusminister Goldenberger ins Gebet, weil er im Fasching dieses Jahres das Protektorat für ein »Teufelsfest« der Künstler übernommen hatte. Faulhaber erklärt, das sei »im Kern eine Verhöhnung der katholischen Lehre von den letzten Dingen«.

Kurz darauf beschäftigt er angesichts der sich abzeichnenden Katastrophe die bayerische Bischofskonferenz mit weiteren Bagatellen. So will er wegen der Gefährdung der Sittlichkeit den Mädchen die Knabenschulen vorenthalten.

In dem von ihm unterzeichneten Protokoll der Bischofskonferenz in Freising lesen wir: »Bezüglich der Koedukation am Gymnasium wurde durch die Eingabe an das Ministerium nur erreicht, daß in Orten, wo zwei Gymnasien sind, nur eines auch für Mädchen zugänglich ist.« Doch man zeigt sich in Bischofskreisen auch wieder selig. »Daß ein zweites Frauenturnfest in Bayern heuer nicht stattfand, darf wohl als ein Erfolg des Protestes der Bischöfe gegen das letzte Frauenturnen angesehen werden.«

Ein anderer Protest hat wieder überhaupt keinen Erfolg. Empört teilt Faulhaber am 5.April 1929 seinen Kollegen mit, daß »sämtlichen kirchlichen Stellen in Bayern die bisherige Portofreiheit entzogen wird«. Natürlich legt er »gegen diese in meinen Augen brutale Maßnahme Verwahrung ein«. 1929 schlägt er sich mit der Lehrerbildung herum. Eine Eingliederung in die Universität (so wie sie heute existiert) hält er für »unmöglich«.

1930 nimmt er sich den Bolschewismus vor. »Das religiös-sittliche Elend in Rußland, dem Land ohne Gott, bietet heute ein grauenhaftes Bild: Ein Volk ohne Sonntag! Der christliche Charakter der Zeitrechnung soll ähnlich wie in der Französischen Revolution ausgelöscht werden.« Weiter: »Die heranwachsende Jugend ohne jede moralische Zucht! Den Rauschgiften ergeben, dem Banditentum entgegenwachsend, zum Teil in Sturmkolonnen zusammengefaßt, um die letzten Spuren von Religion im öffentlichen und, soweit möglich, auch im häuslichen Leben zu vernichten.«

Faulhaber hat ja nicht so ganz unrecht, aber dann wieder der Satz: »Ehe und Familie ohne Schutz und Zaun! Tiefer gesunken als je bei den afrikanischen Naturvölkern. Eheliche und uneheliche Mutterschaft sind vollständig gleichgestellt.« Welcher Katholik lobt nicht die Tatsache, daß die Diskriminierung der »Illegitimen« nun auch in der Bundesrepublik Deutschland endlich vom Tisch ist!

Aber auch damals steht es einem Kirchenmann gut an, Sünden zu vergeben und sie der betreffenden Frau nicht ein Leben lang vorzuhalten. Sie und ihr Nachwuchs haben es ja ohnehin nicht leicht. Und provokatorisch darf man in diesem Zusammenhang schon mal fragen, ob Faulhaber wegen dieser seiner bösen Äußerungen nicht auch Frauen, natürlich unabsichtlich, zur Abtreibung nötigt? Letztlich halten wir aber fest: Wem die Gleichstellung der verschiedenen »Mutterschaften« ein so großes Problem und Ärgernis ist, daß er darüber seine Vaterschaft an der sich laut ankündigenden Diktatur nicht bemerkt, kann nun wirklich nicht mehr ernst genommen werden.

Dabei wird Faulhaber nachdrücklich auf den alles zerstörenden Orkan der Zeit aufmerksam gemacht. Am 9. September 1930 beispielsweise schreibt ihm ein wunderbarer Gottesmann, der Münchner Jesuit Rupert Mayer, einen Brandbrief. »Die völkischen Hetzereien können wir uns nicht groß genug vorstellen. So herrscht in unserem katholischen Volk eine beispiellose Verwirrung. Unbegreiflich, aber wahr ist es, daß der Hitlerschwindel wieder die weitesten, auch katholischen Volkskreise erfaßt hat.«

In Deutschland ist man in heller Aufregung. Das Mainzer Ordinariat erklärt, jeder Nationalsozialist wird ohne Einzelprüfung von den Sakramenten und vom kirchlichen Begräbnis ausgeschlossen. Wie reagiert Faulhaber? »Ist für die praktische Seelsorge untragbar!« Im übrigen wird

»die ganze Bewegung in einiger Zeit staatspolitisch Bankrott machen«. Welche Hybris! Der Kardinal ist von allen guten Geistern und offenbar auch vom Heiligen Geist selbst verlassen.

Nichts als Naivitäten auch im Jahr 1931! Auf der im September tagenden Konferenz der bayerischen Bischöfe in Freising verlangt man laut des von Faulhaber unterzeichneten Protokolls, »daß das Turnen nach Geschlechtern getrennt geschehe, daß die Turnkleidung die Körperformen nicht aufdringlich betone, daß jene Turnübungen, besonders an Geräten, vermieden werden, die der weiblichen Art nicht angemessen sind, und daß das Schauturnen von Frauen und Mädchen unterlassen werde«. Und man will auch, »daß, wo Schülerinnen höhere Anstalten für männliche Jugend besuchen, Schülerinnen an diesem Turnfest nicht teilnehmen dürfen«.

Gedächtnisgottesdienste für den letzten Bayernkönig Ludwig III. (Bild) erlaubt Faulhaber, für Reichspräsident Ebert verbietet er sie.

Aber Faulhaber schwimmt mit den bayerischen Bischöfen weiter gegen den Strom. So hält man »Gemeinschaftsbäder« für überflüssig. Wenn sie denn aber schon bestehen, sollte man doch fordern dürfen: »Volles Pluder-Badekostüm für beide Geschlechter mit Verbot bloßen Trikots und bloßer Badehose.« Natürlich erwarten Faulhaber und seine Kollegen »von den katholischen Frauen- und Mädchenverbänden, daß sie furchtlos für die Durchführung der bischöflichen Leitsätze eintreten«.

Ja, und das darf nicht vergessen werden, 1931 erlaubt Faulhaber aus Anlaß des zehnten Todestages von König Ludwig III. einen Gedächtnisgottesdienst. König und Kriegstreiber Ludwig ja, Pazifist und Sattlergeselle Ebert nein! Die armen Pfarrer sollen dabei »mit einem warmen Wort« des Monarchen gedenken. »Zur Orientierung der Geistlichen werden die Amtsblätter einen bestimmten Wortlaut geben.«

1932 entdeckt Faulhaber plötzlich den Sittenverfall in Deutschland. »Die Zahl der Eheschließungen geht zurück, die Zahl der Ehescheidungen steigt in unheimlicher Weise; der Geburtenrückgang ist so stark, daß das deutsche Volk mit Grund und Recht als ein sterbendes Volk bezeichnet werden muß.«

Man kann und muß eine Warnung in diesem Bereich des heiligen Sakraments der Ehe natürlich einem Bischof zubilligen. Doch warum wieder diese Übertreibung? Das deutsche Volk ist derzeit immer noch nicht ausgestorben, obwohl damals, 1932, noch ein riesengroßer Blutverlust im Zweiten Weltkrieg bevorsteht.

Aber nicht nur vom Ehekrieg ist in diesem für Millionen Menschen letzten Jahr der Freiheit die Rede. Faulhaber sucht eine neue Einstellung zum wirklichen Krieg. So schreibt er an den Jesuiten Constantin Noppel: »Mit dem Argument, der moderne Krieg habe eine ganz andere Vernichtungstechnik als die früheren Kriege, wird auch unsere Moraltheologie eine Brücke zur neuen Kriegsethik schlagen.«

Für seine einstigen Äußerungen hat der Erzbischof indes eine peinliche Ausrede gefunden. Als man ihm nämlich vorhält, er habe ja 1914 nun wirklich zu denjenigen Theologen gehört, die den Völkermord rechtfertigten, verwirft er in keiner Weise seine Schriften und Worte. Er teilt vielmehr mit: »Nicht ich habe mich geändert, sondern der Krieg hat in seiner heutigen dämonischen Gestalt ganz andere Formen angenommen als der Krieg 1914, der im Anfang keinen U-Boot-Krieg, keinen Hungerkrieg gegen die Zivilbevölkerung, keine Luftbomben, keine Giftgase kannte und noch nicht die Formen des barbarischen Maschinenkrieges angenommen hatte.«

Soviel oberhirtliche Handreichung braucht eine weitere Fußnote. Zunächst sprach Faulhaber noch im letzten Kriegsjahr das Wort, dem Kaiser zu geben, was des Kaisers ist. Dann war der Erste Weltkrieg schon im ersten Jahr ein U-Boot-, Hunger-, Luftbomben- und Gaskrieg. Am 22. September 1914 versenkten deutsche U-Boote drei britische Kreuzer, im April 1915 kam bei Ypern Giftgas zum Einsatz, kurz darauf begann der Luftkrieg. Und die Heimat hungerte schon 1915, wie den Tageszeitungen zwischen Kiel und Konstanz zu entnehmen ist!

8

»Daß die Juden sich selber helfen können«

Erste Diskriminierung der Nichtarier und Lobsprüche auf Hitler - 1933

München 1933! In Deutschland zeichnen sich jetzt unverkennbar Terror und Unrecht ab. Faulhaber weiß schon in diesem Jahr vom Konzentrationslager Dachau und von Judenverfolgungen. »Wehret den Anfängen!« Er kennt diesen Imperativ. Bei jeder vermeintlichen Benachteiligung seiner Kirche brachte er ihn bis jetzt ins Spiel. Doch nun glaubt er an die politische Mission Hitlers. Und dieser buchstäbliche Kardinalfehler Faulhabers wird zu seiner eigentlichen Lebenstragik.

Zuvor eine kleine, aber erschütternde Chronik dieses rabenschwarzen Jahres! Am 24. März 1933 schreibt Faulhaber an die bayerischen Bischöfe: »Nun aber hat der Reichskanzler in seiner gestrigen programmatischen Rede ein Bekenntnis abgelegt, das eine neue Situation schafft.« Und er zitiert das Hitlerwort: »Die Reichsregierung erblickt im Christentum die unerschütterliche Grundlage unseres Volkslebens und wird darum bereit sein, freundschaftliche Beziehungen zum Heiligen Stuhl weiter zu pflegen und auszugestalten.« Daß dieser Satz eine Lüge ist, wissen alle, die Hitlers Reden und Schriften seit zehn Jahren verfolgen.

Da der Münchner Oberhirte ahnt, daß einzelne Bischöfe nicht seiner Meinung sein könnten, weiht er sie in ein Mysterium ein: »Ich muß mir aber nach dem, was ich an höchsten Stellen in Rom erlebt habe, hier aber nicht mitteilen kann, vorbehalten, trotz allem mehr Toleranz gegen die neue Regierung zu üben.« Sie sei nämlich »rechtmäßig wie noch keine Revolutionspartei in den Besitz der Macht gelangt«. Schließlich habe ja auch der Heilige Vater in Rom »vor aller Welt Adolf Hitler als den Staatsmann bezeichnet, der als erster nach dem Heiligen Vater gegen den Bolschewismus seine Stimme erhoben hätte«.

Spätestens jetzt weiß man, daß sich Hitler voll auf den Münchner Erzbischof verlassen kann. Seine Meinung ändern, nein das wird Faulhaber nicht tun! Und schon am 30. März die nächste Ungeheuerlichkeit! Der Kirchenfürst rechtfertigt die ersten Ausschreitungen gegen die Juden und schreibt seinem Amtsbruder George Mundelein in totaler und fataler Einseitigkeit nach Chicago: »Die unwahren Berichte über blutige Greueltaten in Deutschland, die in amerikanischen und anderen ausländischen Zeitungen erschienen sind, und die Angriffe gegen die neue Regierung in Deutschland wegen ihres Kampfes gegen den Kommunismus, haben die deutsche Regierung veranlaßt, Gegenmaßnahmen zu ergreifen und vom 1. April ab den Boykott gegen alle jüdischen Geschäfte mit aller Strenge durchzuführen.«

Ein Einserschüler, ein Spitzenvertreter der katholischen Kirche, ein Kardinal, ein Professor und Doktor – ihm ist nicht bewußt, daß dies der Advent der Diktatur (genau nach dem Muster in Moskau) ist! Was hätte Faulhaber wohl gesagt, wenn mit diesem Argument der Erstschlag gegen die katholische Kirche erfolgt wäre?

Aber es geht ja weiter. Denn nun beginnt sich der Antisemitismus Faulhabers langsam aber stetig zu entfalten. Eine kurze Rückblende! Bereits in seiner Silvesterpredigt 1918 hatte er die Regierung Kurt Eisners von »Jehovas Zorn« geschmäht. Nun, am 8. April 1933, schreibt er einem Münchner Priester: »Für die kirchlichen Oberbehörden bestehen weit wichtigere Gegenwartsfragen; denn Schule, der Weiterbestand der katholischen Vereine, Sterilisierung sind für das Christentum in unserer Heimat noch wichtiger, zumal man annehmen darf, und zum Teil schon erlebte, daß die Juden sich selber helfen können, daß wir also keinen Grund haben, der Regierung einen Grund zu geben, um die Judenhetze in eine Jesuitenhetze umzubiegen.«

Jedesmal, wenn er gefragt werde, so fährt Faulhaber fort, warum er den Juden nicht helfen wolle, sei er »darüber befremdet« und gebe die Antwort: »Bei einer Hetze gegen die Katholiken oder gegen den Bischof hat kein Mensch gefragt, was man gegen diese Hetze tun könne.«

Am 26. April 1933 nimmt Faulhaber dann in einem Brief an seinen Augsburger Kollegen Joseph Kumpfmüller die Juden ein bißchen in Schutz, fügt aber dann schon sehr zornig hinzu: »Trotz alledem geht man jetzt förmlich mit dem Mitleid für die getauften Juden hausieren.« Einem dieser Juden habe er einmal persönlich gesagt, »der Glaube nütze zum ewigen Leben und daß niemand von der Taufe irdische Vorteile erwarten dürfe«. Vogelfrei! Da ist alles gesagt.

Am 24. Juli 1933 kurz nach Abschluß des Reichskonkordates, dann der ganz offizielle Huldigungsakt aus München an Hitler! Faulhaber schreibt ihm persönlich: »Was die alten Parlamente und Parteien in 60 Jahren nicht fertig brachten, hat Ihr staatsmännischer Weitblick in sechs Monaten weltgeschichtlich verwirklicht.« Und weiter: »Vor aller Welt ist nun bewiesen, daß Reichskanzler Adolf Hitler nicht bloß Reden halten kann, wie seine Friedensrede, sondern daß er Taten wirken kann von weltgeschichtlicher Größe wie das Reichskonkordat.«

Dann bittet Faulhaber den Kanzler, doch eine Amnestie gegen Andersdenkene, die sich in »Schutzhaft« befinden, zu erlassen. Zum Schluß der Satz: »Uns kommt aufrichtig aus der Seele: Gott erhalte unserem Volk unseren Reichskanzler.« Wie paßt das zusammen? Faulhaber erwähnt das blanke Unrecht Hitlers und erbittet für diesen Verbrecher bei Gott ein langes Leben als Tyrann.

Am 3. Dezember des deutschen Schicksalsjahres 1933 hält Kardinal Faulhaber seine berühmte erste Adventspredigt in der Münchner Michaelskirche. Von Augustus und seiner Volkszählung bis zur keuschen Gottesmutter und dem bösen Herodes stehen ihm Hunderte von Themen zur Auswahl. Doch er bestimmt im Jahr der ersten Judenverfolgungen seit dem Mittelalter das Thema Hitlers Nummer eins zum Leitgedanken seiner Ansprachen in dieser Vorweihnachtszeit.

Zunächst der feierliche Introitus des Erzbischofs: »Im Besonderen verdanken die menschliche Kultur und christliche Religion dem Alten Testament einen reinen und erhabenen Gottesgedanken.« Diese und andere Worte des Respekts macht er aber mit bösen Sätzen schlagartig zunichte:

- Nach dem Tode Christi wurde Israel aus dem Dienst der Offenbarung entlassen. Sie hatten die Stunde der Heimsuchung nicht erkannt. Sie hatten den Gesalbten des Herrn verleugnet und verworfen, zur Stadt hinausgeführt und ans Kreuz geschlagen.

- Unsere Regierung hat ein offenes Bekenntnis zu Gott abgelegt, und wir haben das Bekenntnis dankbar angenommen. Das war nicht ein Bekenntnis zum alttestamentlichen Gott.

- Abneigung gegen Juden von heute darf nicht auf die Bücher des vorchristlichen Judentums übertragen werden.

Das Alte Testament
und seine Erfüllung
im Christentum

Erste Adventspredigt von Kardinal Faulhaber
in St. Michael zu München am 3. Dezember 1933

Druck und Verlag A. Huber, München 2 M, Neuturmstr. 2a und 4

Das Buch mit bösen Äußerungen gegen Juden

- So viel sind wir aus dem Schattenreich des Alten Testamentes in das Lichtreich des Evangeliums getreten.

Und in diesem Stil geht es in den folgenden drei Adventspredigten in St. Michael weiter:

- Aus dem öffentlichen Leben unseres Volkes wurde Gott sei Dank in den letzten Monaten mit eisernem Besen viel Sittenlosigkeit ausgekehrt.
- Los vom Alten Testament kann für uns nur bedeuten: Los von dem Pharisäismus.
- Entweder sind wir Jünger Christi oder wir fallen in das Judentum der biblischen Vorzeit und seine Rachelieder zurück.
- Wohl aber dürfen wir und müssen wir von den Schatten der alttestamemtlichen Sittenlehre uns frei machen.
- Wir rufen die mosaische Lebens- und Rechtsordnung nicht zurück.
- Die Jünger des Evangeliums dürfen also nicht in das Eherecht der jüdischen Zeit zurückfallen.

• Trotz aller Führung der Gnade hat Israel die Stunde seiner Heimsuchung nicht erkannt.

Schuldzuweisungen, Verleumdungen, Peinlichkeiten am laufenden Band! Von jetzt an spricht Faulhaber immer wieder von den »Israeliten«, auf denen der Zorn Gottes ruhe. In normalen Zeiten ist dies schon schlimm genug, jetzt in den Monaten der ersten Verhaftungen, Beschimpfungen und Morde eine arge Mitschuld. Was soll denn der kleine Polizist und Beamte im Dritten Reich denken, wenn er die Verbrechen der Juden an Christus im katholischen Gotteshaus so augenfällig vorgesetzt bekommt? Die Schuld wird selbst dann nicht geringer, wenn Faulhaber von den »Israeliten« der Bibel spricht! Man hätte als höchster Sachverwalter christlicher Nächstenliebe in München zu den ganzen Diskriminierungen nicht einmal schweigen dürfen. Gegen alle möglichen Politiker hat Faulhaber seine Stimme erhoben – gegen Hitler nicht!

So stehen wir staunend vor dem Ruf, den Faulhaber nach der Katastrophe 1945 genießt. Es wird beispielsweise immer ein Rätsel bleiben, wie die *Münchener Jüdische Zeitung* im Jahr 1952 zu dem Schluß kommt, daß Faulhaber an diesem denkwürdigen 3. Dezember 1933 »gegen den Rassenwahn der nationalsozialistischen Machthaber so furchtlos Stellung nahm«.

Doch alle Anbiederung nützt Faulhaber 1933 nicht viel. Am 19. Dezember teilt er dem Papst mit, daß immer mehr Geistliche in »Schutzhaft« genommen werden, darunter auch der Domkapitular und spätere Weihbischof Johannes Neuhäusler, der 1934 im KZ Dachau darüber nachdenken kann, ob und wann sein Erzbischof endlich mit der Reichsregierung brechen wird.

Der KZ-Häftling freilich kann noch nicht ahnen, daß sich Faulhaber nach weiteren Huldigungsadressen an den Führer einmal so exzellent reinzuwaschen versteht. Im Vorwort zu Neuhäuslers Buch »Kreuz und Hakenkreuz« (1946) wird sich der Erzbischof nämlich als der wahre Martyrer (der ja eigentlich der Verfasser ist) ausgeben und sich dann auch noch keck darüber aufregen, daß die Leute seine Adventspredigten (siehe oben) vergessen hätten. Ausgerechnet seine Adventspredigten!!! Faulhaber: »Es ist etwas Unheimliches um das kurze Gedächtnis der Menschen.« – Das soll 1946 jemand schreiben, der von diesem ihm eigenen Makel so trefflich zu profitieren weiß!

9

»Daß jede Regierungsgewalt von Gott kommt»

Faulhaber erweist den Nationalsozialisten und Hindenburg die Referenz – 1934

Wie oft hat Faulhaber als Feldpropst den Kaiser und König und die Generäle unterstützt und den Soldaten im Sinne der gekrönten und verwöhnten Häupter erzählt, den Tod an der Front müsse man als Gottes Willen hinnehmen. Wie hat er sich getraut, den Humanisten Adenauer, Wirth und Stresemann kirchliche Abmahnungen zu erteilen. Er war nie wählerisch in seinen Worten.

Jetzt, da ein sehr ernstes Wort gegenüber Hitler notwendig ist, ein flammender Protest, ein Katholikentag der empörten Gläubigen, noch besser ein Kirchentag mit den deutschen Protestanten, ein Demonstrationszug mit erzbischöflicher Präsenz an der Spitze, eine Einladung an den Papst, Sturmläuten von den bayerischen Kirchtürmen, Proklamationen für die Menschenrechte (auch für die Juden), öffentliche Exkommunikationen der Mitglieder der Terrorbande, spektakuläre Besuche der Geistlichen im KZ – da versagt und verzagt der »Held« Faulhaber auf dem Planfeld der Theorie total. Noch schlimmer! Jetzt, da ein gewisses Risiko nicht geleugnet werden kann, denkt er an das pure Überleben – also genau an das, was er bei anderen immer so verurteilt hat.

So schlittert man 1934 mit Faulhabers modernder Einstellung weiter in die irdische Hölle. Diese Charakterisierung ist umsomehr berechtigt, wenn man seine Predigt am 18. Februar dieses Jahres in St. Michael in München gehört hat. Originalton Faulhaber: »...Als andererseits das Oberhaupt der katholischen Kirche, diese höchste sittliche Macht auf Erden, sozusagen mit feierlichem Handschlag dem Führer des Deutschen Reiches für seinen Kampf gegen Gottlosigkeit und Sittenlosigkeit die sittlichen Kräfte der Kirche zur Verfügung stellte. Während die Völker der Erde voll Mißtrauen dem deutschen Volk gegenüberstanden, sprach Papst Pius XI. der Regierung des deutschen Volkes sein Vertrauen aus.«

Tausende sind Zeugen dieses Lobgesanges auf das Übel dieses Jahrtausends. Und wer sie nicht selbst hörte, erfährt sie durch die Flüsterpropaganda. Wen wundert, daß der viel beschworene »kleine Mann« der katholischen Kirche auch an diesen »Führer« glaubt, ja ihn wie Rom zu verstehen sucht und lobt und seine teuflischen Befehle umso bereitwilliger ausführt? Und was weiß dieser »kleine Mann«, was der Kardinal weiter so unbedacht, in vollem Widerspruch zu einst, predigt und als Wahrheit ausgibt?

Wir sind damit bei dem Thema, über das Faulhaber bislang nie mit sich reden ließ. Man kann es nicht fassen, jetzt urplötzlich begrüßt er nämlich die Trennung von Kirche und Staat. Beide Teile sollen nach seinem Bekunden »als zwei selbständige Gesellschaften friedlich nebeneinander bestehen«. Nun auf einmal – im Reich eines der größten Verbrecher der Menschheit – hält er dasjenige hoch und heilig, was einst den Demokraten so verübelt und ihnen solange unverdrossen und ewig nagend vorgeworfen wurde, bis diese erste deutsche Demokratie als wahre Martyrerin den Giftpfeilen der Nationalsozialisten erlegen ist.

Faulhaber hat jetzt in seiner dogmatischen Art, in seiner Festlegung für Hitler einen Punkt erreicht, von dem er nicht mehr zurück kann. Er schluckt ehr- und wehrlos eine Beschränkung nach der anderen. Im April erfährt er, daß vier katholische Feiertage (Dreikönig, Josefi, Mariä Himmelfahrt und Allerheiligen) abgeschafft werden und ein protestantischer (Buß- und Bettag) eingeführt wird.

Dafür ein Riesentamtam, als der Mann stirbt, der Hitler zu dieser Macht verholfen hat. In einem Hirtenwort gedenkt Kardinal Faulhaber am 2. August 1934 mit unglaublichen Sympathieeinheiten des verstorbenen Reichspräsidenten Hindenburg. »Mit den Volksgenossen aller deutschen Gaue stehen die bayerischen Katholiken in aufrichtiger Trauer an der Totenbahre dieses kerndeutschen, pflichttreuen und gottesgläubigen Mannes, der bis zum letzten Atemzug dem deutschen Volke, in Krieg und Frieden, alle Tage seines Lebens und alle Kräfte seines Geistes weihte.«

Wir denken zurück an das Jahr 1925, als Reichspräsident Ebert starb! Damals hat Faulhaber das mindeste, ein Trauergeläute, mit der Begründung abgelehnt, die Weimarer Verfassung, zielte auf eine Trennung von Staat und Kirche ab. Jetzt, da dieses Prinzip mit aller Härte durchgeführt wird und der verstorbene Hindenburg ruhig Steigbügelhalter Hitlers genannt werden kann, verläßt das Erzbischöfliche Palais in München eine grandiose Würdigung.

Aber das ist ja leider Gottes noch nicht alles. In der Trauerrede weist der total verblendete Faulhaber ohne jeden erkennbaren Grund ausdrücklich darauf hin, »daß jede Regierungsgewalt von Gott komme«. Kurzum: Der Liebe Gott hat dem armen Deutschland persönlich die Gewalt zugeschanzt. Was soll man da noch sagen?

Faulhaber behauptet, »daß jede Regierungsgewalt von Gott komme«.

10

Die Jugend hat »keinen Blick für das Ganze«

Keinerlei Widerstand gegen Auflösung der katholischen Verbände – 1934/35

Gleich von Beginn des nationalsozialistischen Terrors an kämpfen die neuen Machthaber um die heranwachsende Generation. Der Hitlerjugend (HJ) kommt dabei die überragende Rolle zu. Mit Fahrten, Zeltlagern, Nachtmärschen, Geländespielen und Sport werben die Propagandisten des Hitlerregimes um die Gunst der Knaben zwischen Nord- und Königssee. Doch das Leben wird der HJ nicht so leicht gemacht. Die katholischen Vereine und Verbände, vor allem die bündische Jugend, sind hervorragend organisiert.

Beispiel Bund Neudeutschland: Der Kölner Erzbischof Hartmann und der Jesuit Ludwig Esch haben diesen Verband 1919 als Vereinigung katholischer Gymnasiasten gegründet. Ihre Zeitschrift *Burg* ist gut gemacht und schon vor 1933 mit Farbbildern ausstaffiert. Man kann ohne Übertreibung sagen, in diesem Bund ist der katholische Teil der Elite des deutschen Volkes zu treffen, was sich insbesondere in der Nachkriegszeit herausstellt. Viele Männer des Wiederaufbaus gehörten diesem Bund in den 20er und 30er Jahren an. So ZDF-Intendant Karl Holzamer, Bundesbankpräsident Karl Blessing, Berlins Bürgermeister Franz Amrehn (CDU) und Nordrhein-Westfalens Ministerpräsident Heinz Kühn (SPD).

Diese Organisation und weitere (wie die Marianische Congregation) sind natürlich dem Regime ein Dorn im Auge. Beschützt werden können sie eigentlich nur von den Bischöfen. Doch Faulhaber in München wirft die bündische Jugend schnell zum belastenden Alteisen. Pater Esch, ein Feldgeistlicher des Ersten Weltkrieges, zeigt sich entsetzt. Sofort reist er nach Bayern, um bei Faulhaber zu protestieren. Am 4. August 1934 stehen sich beide geistlichen Männer gegenüber. Und da spürt der Jesuit schnell, wie weit der Kirchenfürst schon im Lager der braunen Machthaber steht.

Da die Entrüstung Eschs als parteiisch bezeichnet werden könnte, hören wir die Darstellung des Kardinals, der am 6. August an den Breslauer Erzbischof Adolf Bertram schreibt. Danach mußte sich Esch folgendes anhören: »Unsere Vereine haben keinen Blick für das Ganze und müßten vielmehr dazu erzogen werden, daß zum Beispiel die katholische Schule für das Konkordat noch viel wichtiger ist als die katholischen Vereine und daß es für die katholische Kirche in Deutschland außer der Jugendfrage noch andere und zum Teil noch wichtigere Lebensfragen gibt als die Erhaltung der Verbände mit ihrem bisherigen Betätigungsradius.«

Dann wiederholt sich Faulhaber. »Die Jugend müsse sich beruhigen in dem Gedanken, daß der Heilige Vater mit einer unendlich väterlichen Liebe und der deutsche Episkopat für die Jugend retten werden, was zu retten ist, und nicht Anforderungen stelle, als ob es in Deutschland außer den Verbänden keine katholische Lebensfrage gebe.« Dann wirft der Kardinal Teilen der Jugend vor, »durch das viele Triumphgeschrei« die Verhandlungen der Bischöfe gestört zu haben. Faulhaber abschließend: »Wenn also die Verbände nochmals in die Verhandlungen hereingezogen werden, kommen wir an kein Ende.« Also: Schluß mit der katholischen Jugend!

Welch eine Verblendung! Faulhaber ist damit einer Generation von Jugendlichen in den Rücken gefallen, von denen sich einige weiter furchtlos zeigen. Man trifft sich unter allen möglichen Tarnungen. Bibel-, Sport- und Nachhilfestunden sind es, die künftig zusammenführen, um Widerstand zu leisten. Die bekanntesten Angehörigen des Bundes Neudeutschland sind Alfred Delp und Willi Graf, die beide hingerichtet werden.

Die Jugend macht also dem Kardinal vor, wie Widerstand gegen die HJ und ihre Fanatiker auszusehen hat. Doch Faulhaber interessiert das nicht. Dem Breslauer Erzbischof teilt er mit: »In der Diözese München besteht kein absolutes Verbot, das die Einführung der HJ in den Erzbischöflichen Seminaren verhindert.« Den bayerischen Bischöfen unterbreitet er im Sommer 1934 seine Anweisung: »Ein förmliches Verbot, das die Zugehörigkeit eines Zöglings eines Erzbischöflichen Seminars der Erzdiözese München zur HJ ausschließt, besteht nicht.« Man schreibt den 13. August. Noch am gleichen Tag, diktiert er einen Brief an den Pfarrer Joachim Gauger. Und dieser Avis zeigt den Kardinal wieder so ganz anders. »Es ist in katholischen Kreisen viel zu wenig bekannt, mit welchem Heldenmut in evangelischen Kreisen, besonders Pfarrerkreisen, der christliche Glaube und die Freiheit des Evangeliums verteidigt werden bis zu den schwersten persönlichen Opfern.« Das Gewisssen des Kardinals ist also noch nicht ganz deformiert. Konsequenzen aber zieht er überhaut nicht, was der weitere Verlauf der Geschichte so schmerzlich zeigt.

Jetzt folgt nämlich eine Huldigung auf Hitler nach der anderen. In der Weihnachtspredigt 1934 behauptet Faulhaber: »Zum Frieden hat der Führer mit mutigen und mächtigen Worten sich bekannt in schicksalsschweren Stunden, als Dämonenhände am Werk waren, die Motore des Krieges anzukurbeln. Dafür wird ihm die Geschichte unseres Volkes dankbar sein, daß er nun schon zweimal, vielleicht schon dreimal unserem Volk die Schrecken des Krieges ersparte.« Welch eine maßlose Übertreibung!

Im Schatten solcher Elogen kämpft die katholische Jugend um ihre Existenz. Am 3. Oktober stellt der katholische Jungmännerverband München an den Kardinal »das Ersuchen, mit allen Mitteln bei den Wirtschaftsverbänden das Lebensrecht katholischer Jugend auch auf wirtschaftlichem Gebiet zu schützen«. Unterzeichnet ist »dieses offene Wort« unter anderen von Toni Böck, einem beliebten Nachkriegspolitiker (CSU) der Landeshauptstadt.

Die Jugendverbände will Faulhaber nicht, die Konfessionsschule kann er dann nicht mehr schützen. Die Machthaber wissen um seine Feigheit, um seinen Führerkult. So haben sie keine Hemmungen mehr, ihn noch mehr zu demütigen. Die Gemeinschaftsschule ist nicht mehr zu stoppen. Und die Auseinandersetzungen darum zeigen sein armseliges Denken.

Am 8. Oktober 1935 schreibt Faulhaber den bayerischen Bischöfen: »Wir können nicht dazu schweigen, daß katholische Eltern gezwungen werden sollen, ihre katholischen, rassekundlich gesprochen ihre nichtarischen Kinder, aus der katholischen Schule herauszunehmen und in jüdische Sammelschulen zu schicken.« Lesen Sie bitte diesen ungeheuerlichen Satz nochmals!

11

»Wir beten jetzt für das Leben des Führers«

Für Hitler und gegen das Schauturnen der Frauen auf der Olympiade - 1936

Ende 1935 läßt Faulhaber dem Verbrecher aus Braunau ausrichten, daß er »im Januar jeden Tag und jede Stunde gerne bereit bin, dem Führer zu München oder wo sonst unser Führer bestimmt, dem Ruf zu folgen«. Er schließt »mit den besten Segenswünschen für unseren Führer«.

Doch Hitler läßt den Münchner Kardinal zappeln. Dieser feiert am 19. Februar 1936 sein 25jähriges Bischofsjubiläum. Die Gestapo bespitzelt ihn im Dom. Im entsprechenden »Überwachungsbericht« heißt es: »Verschiedentlich fügt der Kardinal ein, dass die heutige Zeit gegen die Kirche eingestellt sei«. Papst Pius XI. gratuliert und schreibt, er habe gehört, »dass alle guten Christgläubigen... nicht bloss in der berühmten Stadt Deines Bischofssitzes, sondern auch in allen Teilen der Erzdiözese feierliche Gebete Gott darbringen«.

Am 1. März 1936 kommt es zu einer Begegnung Faulhaber-Goebbels. Es geht um die Einschränkungen der katholischen Zeitschriften. Man trennt sich ohne Einigung. Faulhaber über den ursprünglich katholischen Propagandaminister: »Trotz Widerstrebens küßt er den Ring.« Am 24. Mai schreibt der Kardinal dem Heiligen Vater: »Der für die nächsten Monate geplante Abbau von 600 klösterlichen Lehrkräften in den bayerischen Schulen sind deutliche Anzeichen von dem Generalangriff gegen alles Katholische.«

Diese Klage erhebt Faulhaber im Anschluß an eine »Männerprozession« auch am 7. Juni 1936 im Münchner Dom. Der Vorwurf des »Generalangriffs« unterbleibt freilich. Dafür ein sehr befremdliches Schlußwort: »Ein Mann in der Schweiz habe in einer dortigen Zeitung Kinder angehalten, um den Tod des Führers zu beten. Ein Wahnsinniger hat im Ausland einen Anfall des Wahnsinns gehabt.«

Doch nun das schärfste: »Ihr alle seid mir Zeugen dafür, daß wir an allen Sonn- und Feiertagen in allen Kirchen beim Hauptgottesdienst für den Führer beten, wie wir es im Konkordat versprochen haben. Und jetzt konnte man an Straßenecken in großen Buchstaben am Kopf der Zeitung lesen: Sie beten um Hitlers Tod! Wir fühlen uns beleidigt durch diese Verdächtigung unserer Staatsgesinnung. Wir geben heute eine Antwort darauf, eine christliche Antwort: Katholische Männer, wir beten jetzt zusammen ein Vaterunser für das Leben des Führers.«

Dann betritt Faulhaber wieder einen Nebenkriegsschauplatz, den ihm die Nationalsozialisten überlassen. Der Kirchenfürst kämpft gegen die Olympiade in Berlin an und schreibt am 16. Juli 1936 an seinen Breslauer Amtsbruder: »Die bischöflichen Leitsätze zur öffentlichen Sittlichkeit, die bisher nicht widerrufen wurden, werden in den Olympischen Spielen ziemlich alle durchbrochen, nicht bloß die Leitsätze über Schauturnen und Schauschwimmen der Frauen.«

Nach der Olympiade freilich zeigt Faulhaber in einer ganz widerlichen Form Regimetreue. Die Judenverfolgungen werden von Tag zu Tag brutaler, da schreibt der Münchner Kirchenfürst am 23. Oktober 1936 an Bertram: »Der Staat hat das Recht, gegen Auswüchse des Judentums in seinem Bereich vorzugehen.« Wenn es Juden betrifft, gilt für Faulhaber das 5. Gebot vom Berg Sinai offensichtlich nicht.

Dafür wird der Antisemit aus München reichlich entlohnt. Am 4. November 1936 empfängt Hitler den Kardinal auf dem Obersalzberg. Nach der Unterredung fertigt der Gast ein Protokoll an. Wenn Hitler oder ein Dritter diese Zeilen verfaßt hätte, dann würde man mit Recht an der Echtheit zweifeln. So aber hält Faulhaber selbst seine Aussprüche fest.

Der wichtigste Satz, den er zu Hitler spricht: »Sie sind als das Oberhaupt des Deutschen Reiches für uns gottgesetzte Autorität, rechtmäßige Obrigkeit, der wir im Gewissen Ehrfurcht und Gehorsam schulden.«

Zum Thema Sterilisierung sagt Faulhaber zum Führer: »Von kirchlicher Seite, Herr Reichskanzler, wird dem Staat nicht verwehrt, im Rahmen des Sittengesetzes in gerechter Notwehr diese Schädlinge von der Volksgemeinschaft fernzuhalten.«

Man habe auch Verständnis für die Parteimitglieder. Faulhaber: »Ich stelle aber fest, daß nach einer amtlichen Umfrage in Bayern in jenen Jahren keinem einzigen das kirchliche Begräbnis einzig deshalb verweigert wurde, weil er Nationalsozialist war.«

Kaum hat Faulhaber die Führerherberge bei Berchtesgaden verlassen, sagt Hitler zu seinem späteren Rüstungsminister Speer: »Es gibt für mich zwei Möglichkeiten: Mit meinen Plänen ganz durchzukommen oder zu scheitern. Komme ich durch, dann werde ich einer der Größten der Geschichte - scheitere ich, werde ich verurteilt, verabscheut und verdammt werden.«

Am 24. November berichtet dann Faulhaber auf der bayerischen Bischofskonferenz in Regensburg seinen Amtsbrüdern von der Harmonie auf dem Obersalzberg. Und diese sind begeistert. Sie beschließen, »unsere mit dem 4. Gebot gegebene, loyale und positive Einstellung gegenüber der heutigen Staatsform und gegenüber dem Führer zum Ausdruck (zu) bringen.«

Dieses bedeutungsschwere Jahr 1936 läßt Faulhaber aber nicht vorübergehen, ohne Hitler nicht vorher noch eine neue Huldigungsadresse zu senden. Er schreibt am 30. Dezember an den »hochzuverehrenden Herrn Führer und Reichskanzler« einen Brief, wie ihn kein Demokrat vorher erhalten hat, weder Adenauer noch Ebert. »Nunmehr«, so erfährt der Diktator, »wird der Hirtenbrief in das neue Jahr wie eine Posaune klingen, und auch im Ausland wird man dieses einmütige Bekenntnis der deutschen Bischöfe zum Führer und seinem weltgeschichtlichen Werk, seiner Abwehr des Bolschewismus, nicht überhören können.«

Und in diesem Hirtenbrief vernehmen die Gläubigen: »Der Führer möge versichert sein, daß wir Bischöfe ihn in seinem weltgeschichtlichen Abwehrkampf gegen den Bolschewismus mit moralischen Mitteln in jeder Weise unterstützen.« Dann der Schlußsatz Faulhabers: »Die Vorsehung walte auch weiterhin über Ihrem Werk!«

Faulhaber sagt 1936 zu Hitler: »Sie sind als das Oberhaupt des Deutschen Reiches für uns gottgesetzte Autorität.«

12

»Seit 25 Jahren keinen Spaziergang mehr gemacht«

Die Verhaftung Rupert Mayers wird verharmlost, eine Kundgebung verboten – 1937

Wie schrecklich Faulhabers Gedankenwelt aussieht, offenbart sich 1937 auch dem einfachsten Gemüt in der Kirche. Er spielt die Internierung des populären Jesuiten Rupert Mayer in Stadelheim zu einem Erholungsaufenthalt herunter. Doch gehen wir chronologisch vor!

In einer Zeit, in der promovierte Redakteure Hilfsarbeiterdienste tun, ein Jugendlicher nur schwer der HJ auskommt, Mißhandlungen von Juden nicht geahndet werden, da erstellt Faulhaber am 12. Januar 1937 eine Hitparade der Opfer. Und so sieht sie aus: »Die treuen Arbeiter sind die eigentlichen Bekenner und Martyrer, nicht die Jugend und Gesellen, die sind nicht verheiratet, nicht die Lehrerinnen, die bekommen Pension, sondern die Arbeiter.« Zur Information, diese Äußerung wird der Öffentlichkeit nicht bekannt.

Auf der Kanzel, ja da gibt er sich regimetreu. Und dies ist das teuflische an dem Kardinal. Daß darüberhinaus seine Worte die Stellung des Satans bei vielen festigen, ist natürlich noch viel ekelerregender. So lobt Faulhaber am 14. Februar in St. Michael seine Kirche, der das Dritte Reich so viel zu verdanken habe. »Zu einer Zeit«, so predigt er, »da die Oberhäupter der Weltreiche in kühler Reserve und mehr oder minder voll Mißtrauen dem neuen Deutschen Reich gegenüberstanden, hat die katholische Kirche, die höchste sittliche Macht auf Erden, mit dem Konkordat der neuen Deutschen Regierung ihr Vertrauen ausgesprochen. Für das Ansehen der neuen Regierung im Ausland war das eine Tat von unschätzbarer Tragweite.«

Dann ein dickes Lob auf Hitler persönlich: »Der Führer hat sein Wort gehalten.« Anschließend zitiert Faulhaber den jüngsten Hirtenbrief der deutschen Bischöfe: »Wir müssen den Führer in der Abwehr des Bolschewismus unterstützen.«

Die Männerkongregation, die durch die Verhaftung von Pater Rupert Mayer sich mitgetroffen fühlte, hat, gehorsam meiner Weisung, Disziplin gehalten, und ich danke Ihnen dafür. Ich habe Ihnen durch mein Ordinariat sagen lassen, Sie möchten ja bei aller Verehrung und Begeisterung für Ihren Präses, bei aller Trauer über seine Verhaftung von Kundgebungen auf der Strasse absehen. Demonstrationen im alten Sinne des Wortes sind heute überwunden. Wir könnten der Staatspolizei keinen grösseren Gefallen tun als dadurch, dass wir durch Kundgebungen ihr einen Anlass böten, mit Gummiknütteln und Verhaftungen, mit Ausstellungen und Entlassungen vorzugehen gegen die verhassten Katholiken, die heute mehr gehasst und verfolgt werden als die Bolschewiken. Ihr habt auch im Sinne von Pater Rupert Mayer gehandelt dadurch, dass ihr Disziplin gehalten und euch nicht zu unbesonnenen Worten und Taten habt hinreissen lassen. Es ist eine Zeit zu schweigen.

Faulhaber am 4. Juli 1937 zur Verhaftung von Rupert Mayer

Und immer wieder Spitzen gegen die Juden! Wer etwas gegen das Reichskonkordat sagt, versündige sich gegen die »deutsche Treue«. Faulhaber: »Es wäre so, wie wenn einer mit einer Ausländerin einen Ehebund einging und später, als gegen das Ausland Mißstimmung herrschte, sie fortschickte und eine Inländerin heiratete. Das wäre mosaisches Eherecht, das gestattete, der Frau den Abschiedsbrief zu geben....«

Als das Reichsjustizministerium die konfessionelle Bezeichnung »gottgläubig« einführt, protestiert Faulhaber dagegen am 24. Februar 1937 wieder mit einem Vergleich. »Wir sind mehr als gottgläubig, wir sind nicht bloß gottgläubig wie auch der Jude und der Türke.«

»Die Gottgläubigen«, so stellt der Kardinal am 1. März fest, »sind nicht katholisch und wollen nicht katholisch sein.« Am 16. März: »Gottgläubig dürfen sich nur die bezeichnen, die ihren Austritt aus der Kirche vollzogen haben.«

Von den Gläubigen verlangt Faulhaber in schwerer Zeit immer wieder den Mut, den er selbst nie aufbringt. Als der Würzburger Bischof den Protest seiner Kollegen »gegen die Turnkleidung der Mädchen und das Auftreten der Knaben im Badeanzug« verlangt, antwortet der Kardinal: »Ich meine, hier sollten sich die Eltern einmal rühren.«

Dann folgt ein Ereignis, das Faulhaber völlig demaskiert. Der Münchner »Männerapostel« Rupert Mayer wird wegen seiner mutigen Predigten am 5. Juni verhaftet. Daraufhin besucht ihn der Oberhirte in Stadelheim und erzählt etwas später den empörten Münchnern in St. Michael, wie schön es eigentlich der Häftling habe: »Er bemerkte sogar mit einigem Humor und er hat herzlich dabei gelacht, dass er seit 25 Jahren keinen Spaziergang mehr gemacht habe, wie er ihn jetzt täglich im Hause der Beschaulichen macht und dass er in der Freiheit niemals eine so schön zusammenhängende Zeit zum Studium gehabt habe wie jetzt im Kerker.«

Wie schön ist es doch, von den Nationalsozialisten inhaftiert zu werden! Und wieder ist Hitler unschuldig. Faulhaber: »Der Führer hat in seinem Buch und immer wieder erklärt, er wolle kein religiöser Reformator sein und steht heute noch zu diesem Wort. Es sind aber andere starke Kräfte am Werk.« Diesen freilich wirft er einen »Kulturkampf zur Vernichtung der katholischen Kirche in Deutschland« vor. Die Gläubigen fordert Faulhaber auf, trotz der Internierung Pater Mayers »von Kundgebungen auf der Strasse ab(zu)sehen«.

Jetzt wäre endlich Faulhaber selbst gefordert. Von den Soldaten des Ersten Weltkrieges verlangte er Hingabe des Lebens. Wie verlogen dies war, zeigt nun seine Feigheit. Er hätte eigentlich die Kerkerzelle Mayers nicht allein verlassen dürfen. Doch spür- und sichtbare Solidarität ließ er schon bei anderer Gelegenheit vermissen. Dabei muß ihm doch klar gewesen sein: Einen Märtyrer Faulhaber hätten 1937 die Nationalsozialisten kaum ohne Schwierigkeiten verkraftet.

Kein Wort von den Christenverfolgungen auch in der Silvesterpredigt 1937! Er kritisiert zwar einige Reformen des Regimes, was nicht weiter wehtut. So weist er abermals auf den Unterschied »zwischen der kirchlichen eingesegneten und der wilden Ehe, den Unterschied zwischen der ehrlichen und der ehrlosen Mutterschaft« hin. Die Gläubigen erfahren von Christus, Gottesmord und Winterhilfswerk, an dem auch Katholiken mitarbeiten sollen. Allem aber fehlt die Courage und Wahrheitsliebe!

So schreibt denn auch der Gestapo-Mann, der die Ansprache verfolgt, lapidar in seinem Bericht: »Die Predigt erweckte den Eindruck einer indirekten Bestätigung der diesjährigen Weihnachtsworte des Papstes.«

13

»Ein Treuebekenntnis zum Führer»

Glocken und Glückwünsche für zwei schlimme Völkerrechtsbrüche - 1938

Im letzten Friedensjahr wächst der Terror Hitlers weiter – ebenso die Bewunderung Faulhabers. Die Predigten des Kirchenfürsten werden immer unerträglicher und enden an Silvester mit einer grandiosen Apotheose des Teufels aus Braunau.

Am Papstsonntag 1938 konstatiert die Gestapo in St. Michael: »Für die Männer und Jungmänner waren etwa 400 Sitzplätze bereitgehalten. Es bot ein komisches Bild, dass viele ältere Frauen stehen mussten, während jüngere Männer diese erwählten Plätze einnehmen durften.«

In seiner Predigt spricht Faulhaber von der »Vorsehung«, womit er Gott meint, und klagt vor seiner männlichen Zuhörerschaft schon sehr heuchlerisch über die Auflösung der bündischen Jugend. Dann eine Eloge auf den vorbildlichen Führer. Er habe sehr richtig gesagt: »Wir werden den Marxismus vernichten, aber den Arbeiter werden wir für uns erobern.« Weiß denn Faulhaber, was er da erzählt?

Im letzten Drittel seiner Rede kommt er auf die »Religionsverfolgung« zu sprechen. »Man sagt, es werden ja keine Kirchen niedergebrannt bei euch, aber dieser Abbau der klösterlichen Schulen ist mehr, als wenn ein paar Kirchen brennen.« Das ist alles an Mut, den der Kirchenmann zeigt. Kein Wort von eklatanten Verletzungen der Menschenrechte, von Judenverfolgungen und Verhaftungen!

Dann passiert das Unglaubliche. Im März marschieren die Deutschen in Österreich ein. Als bekannt wird, daß Hitler in das annektierte Nachbarland fährt, schreibt Faulhaber an die bayerischen Bischöfe: »Wir geben Anweisung, daß am Samstag, 9. April, abends etwa 21 Uhr zum Schluß der Rede des Führers in Wien in unseren Diözesen die Kirchenglocken geläutet werden.«

Aber es kommt noch schlimmer. Mit diesem Glockengeläute, so argumentiert der Kardinal, »ist das katholische Volk aufgerufen, am Sonntag,

Pater Rupert Mayer sagt nach der Silvesteransprache Faulhabers: »Seit jener Kardinalspredigt habe ich sein Vorgehen in einer Reihe von Dingen einfach nicht mehr verstehen können.«

10. April, neuerdings in weltgeschichtlicher Stunde ein Treuebekenntnis zum Führer und Reichskanzler Hitler abzulegen.«

Nach der »Münchner Konferenz«, in der die deutsch besiedelten Randgebiete Böhmens, Mährens und Schlesiens in einem groben Willkürakt ans Reich abgetreten werden und das erste Signal auf Krieg gesetzt wird, jubelt Faulhaber. Er regt an, der Vorsitzende der deutschen Bischofskonferenz »möge im Namen der vier deutschen Kardinäle an den Herrn Reichskanzler Adolf Hitler ein Telegramm richten und ihn zur Friedenstat beglückwünschen«. Welche Logik! Der Erzbischof betet die Lügen der Parteipropaganda nach und kommt zu dem Schluß: Ohne Völkerrechtsbruch kein Friede!

Dann folgt die »Reichskristallnacht«. Spätestens jetzt wäre ein in aller Welt unüberhörbarer Protest notwendig. Doch nichts geschieht, und so hat Faulhaber weiter seine Ruhe. Im Herbst 1938 stellt die Gestapo sein »Vergehen gegen das Reichsflaggengesetz« ein, dann bügelt man ein Verfahren nieder, in dem es um eine Widerrede Faulhabers gegen Goebbels geht. Am 25. November 1938 teilt die Gestapo der Anklagebehörde mit einem erstaunlichen Desinteresse mit: »Näheres ist über diesen Ausspruch hier nicht bekannt.«

Der bis dahin größte Schock für die Katholiken Münchens dann an Silvester! Alles klingt so, als stünde eine Seligsprechung Hitlers bevor. Faulhaber stellt seine Predigt unter das Motto »Das Lied der neuen Zeit, die Einfachheit« und spricht mehr vom Satan aus Braunau als von Jesus Christus. Scheinbar harmlos führt Faulhaber seine Zuhörer zu seinem Thema.

»Es ist und bleibt«, so erzählt der Kirchenfürst, »eine Sünde gegen das Gesetz der Einfachheit, wenn man sich nicht begnügt mit dem, was auf dem fruchtbaren deutschen Boden gewachsen ist, sich nicht mit dem Tee begnügt, der an den deutschen Lindenbäumen und in den deutschen Wäldern wächst, und mit dem Apfel, der an einem inländischen Apfelbaum wächst, wenn man immer noch ausländisches Obst und Gemüse, ausländischen Wein beansprucht und – erschrecken Sie nicht – durch die Einfuhr von überseeischem Tabak, Kaffee und Tee die deutsche Handelsbilanz belastet.« Faulhaber lobt dann den Eintopf («ein großer Schritt vorwärts«) und die Jugend (hat »Alkohol und Nikotin ausgeschaltet«).

Schließlich ist urplötzlich von Hitler, den er »Vorzug unserer Zeit« nennt, die Rede. Man bedenke: 1938 marschiert der Führer in Österreich ein, besetzt fremde Gebiete im Osten und läutet schließlich mit der »Reichskristallnacht« die Judenvernichtung großen Stils ein. Da sagt Faulhaber am letzten Abend des vorläufig letzten Friedensjahres über diesen Verbrecher: »Auf der Höhe des Reiches haben wir das Vorbild einer einfachen und nüchternen, alkohol- und nikotinfreien Lebensführung.« Der verfolgte Rupert Mayer anwortet: »Seit jener Kardinalspredigt habe ich sein Vorgehen in einer Reihe von Dingen einfach nicht mehr verstehen können.«

Heilige sind Vorbilder, lesen wir im Katechismus der Zeit. Für Pater Rupert Mayer trifft das zu. Der Kardinal denkt anders. Heil(iger) Hitler! Das Unglück Europas nimmt mit einem kräftigen Schub aus München seinen Anfang.

14

»Verabscheuungswürdiges Verbrechen im Bürgerbräukeller»

Faulhaber bittet Gott um den Schutz Hitlers, der den Zweiten Weltkrieg auslöst - 1939

»Gehen wir nicht zaghaften Schrittes über die Schwelle des neuen Jahres«, predigt Faulhaber an Silvester 1938. Wenn er gewußt hätte, was 1939 alles passiert! Aber so ist es einmal mit dem gesprochenen Wort. Schnell vergessen! Wir sind im ersten Kriegsjahr und am Anfang vom Ende. Außerdem: 1939 wird Faulhaber 70 und Hitler 50.

Überall im katholischen Deutschland gedenkt man am 5. März des Kardinals in München. Im *Ketteler-Licht* (23. Februar) liest man: »Wir danken der Vorsehung, die ihn zu uns geführt hat.« Anfang März wird in Rom der langjährige Nuntius in Bayern, Pacelli, zum Papst (Pius XII.) gewählt. Faulhaber ist dabei und berichtet von dem säkularen Ereignis den deutschen Bischöfen.

Dann laufen die Vorbereitungen zu Hitlers 50. Geburtstag auf Hochtouren. Faulhaber am 24. März an Bertram: »In einer Vorbesprechung haben wir ein Glückwunsch-Telegramm der 4 Kardinäle zum 20. April in Aussicht genommen. Ebenso einen Hinweis in der Predigt des vorausgehenden Sonntags, also am Weißen Sonntag, 16. April, und am Tage selber, Donnerstag, 20. April, 12 Uhr viertelstündiges Geläute.«

Unglaublich für einen Bischof! Und es fehlt jeder Hinweis, daß dieser Brief eine Fälschung ist. Unwahrscheinlich auch deswegen, weil Faulhaber am 28. März auf der bayerischen Bischofskonferenz in Freising dies alles wiederholt: »Am Weißen Sonntag soll nach der Predigt folgende Kundgebung von der Kanzel verlesen werden: Am kommenden Donnerstag, 20. April, feiert das deutsche Volk den 50. Geburtstag unseres Führers und Reichskanzlers Adolf Hitler. Zur Feier dieses Tages wird am Vorabend des 20. April nach Beschluß unserer Hochwürdigsten Bischöfe im Anschluß an das abendliche Gebetläuten ein Festgeläute stattfinden. Wir wollen heute schon an heiliger Stätte unsere Glückwünsche dadurch zum Ausdruck bringen, daß wir jetzt gemeinsam ein andächtiges Vaterunser für Führer und Vaterland beten.«

Dabei weiß Faulhaber um die Verbrechen des 50jährigen Menschenschlächters. An den neuen Papst schreibt der Münchner am 31. März: »Es sind mir Fälle bekannt, in denen einem Nichtarier der Auswanderpaß zugestellt wurde mit der Auflage, innerhalb von zehn Tagen den deutschen Boden zu verlassen, wenn er nicht wieder in ein Lager eingeliefert werden wolle.« KZ heißt die Vernichtungsmaschinerie.

Trotz dieser Kenntnisse arbeitet Faulhaber mit der Gestapo zusammen. Am 18. Juli 1939 erstattet er dort Anzeige gegen einen Nazigegner. Er selbst gibt das fünf Jahre später selbst zu. Aber damit nicht genug! 1939 weist der Kardinal alle seine Priester an, »illegale Druckschriften« der Gestapo zuzuleiten. Man muß heute noch zornig werden, wenn man sich das vergegenwärtigt. Die Priester Gottes sollen nach der Wahnvorstellung ihres Vorgesetzten diejenigen hinhängen, die das satansähnliche Geschöpf Hitler bekämpfen!

Schließlich der Krieg! Kein Protest aus München, er wäre auch zu spät gekommen. Dafür nimmt sich jetzt ein kleiner Handwerksgeselle der Weltgeschichte an. Johann Georg Elser baut im Münchner Bürgerbräukeller eine Bombe, die Hitler töten soll. Alles klappt wie am Schnürchen – doch leider Gottes bleibt der Verbrecher, der sich Führer nennt, an diesem Abend des 8. November 1939 nicht solange wie sonst. Wie glücklich hätte alles doch noch enden können!

Was macht Faulhaber in dieser Zeit fassungs- und vor allem hoffnungsloser Depression? Er telegraphiert an Hitler: »Herrn Führer und Deutschen Reichskanzler Adolf Hitler, Berlin. Eben von verabscheuungswürdigem Verbrechen im Bürgerbräukeller in Kenntnis gesetzt, spreche ich als Ortsbischof und im Namen der bayerischen Bischöfe wärmsten Glückwunsch aus für Ihre glückliche Rettung und bitte Gott, er möge auch ferner seinen schützenden Arm über Sie halten. Kardinal Faulhaber München.«

Prompt erwidert der Teufel dem Bischof: »Herrn Kardinal Faulhaber, München. Für die mir aus Anlaß des Münchener Anschlags ausgesprochenen Glückwünsche danke ich herzlich. Adolf Hitler.«

15

»Achtet die Volksrechte, die Staatsrechte...«

Auch im Zweiten Weltkrieg ist für Faulhaber die »Vorsehung Gottes am Werk« - 1940

»Der Erzbischof ist eine halbe Ruine«, schreibt Faulhaber am 18. Mai 1940 an den Papst. Jetzt muß der Kardinal zusehen, wie Deutschland zur totalen Ruine wird. Kriegsgefallene in Massen, Vernichtung »lebensunwerten Lebens«, Judenvergasungen, Hinrichtungen der Widerstandskämpfer! Das alles nimmt jetzt einen grausamen Anfang und bald überdimensionale Ausmaße an.

Vielleicht sollte Faulhaber angesichts dieser Politik Hitlers wenigstens schweigen. Aber er hat ja recht, er hatte immer recht und wird immer recht haben. Man muß das so drastisch formulieren. Schließlich soll man aus der Geschichte wenigstens das lernen, daß eine Führungskraft nie ständig recht haben kann.

So geht jetzt in München alles seinen Lauf. Sinnigerweise verfaßt Faulhaber am »Tag des heiligen Sebastian, des Soldatenpatrons«, seinen ersten großen Hirtenbrief im Krieg. Und er überschreibt ihn mit: »Die Waffenrüstung Gottes«. Welch ein gnadenlos dummer Ausdruck eines Christen in dieser düsteren Zeit!

Natürlich hat er seit 1914/18 nichts dazugelernt. Einige Zitate belegen seinen Starrsinn:

- »Der Krieg ist ein Geheimnis der göttlichen Weltregierung. Wie vor allen Geheimnissen und in allen Zeiten der Prüfung teilen sich auch vor dem Krieg die Geister in solche, die am Vorsehungsglauben irre werden, und in solche, die gerade in solchen Zeiten der Prüfung geistig und religiös ins Grosse und Heldenhafte wachsen.«

- »Auch die Frauen haben das Sakrament der Firmung, den Ritterschlag und die Ausrüstung zum Soldaten Christi erhalten. Auch die Kinder dürfen nicht mit dem Hirtenknaben David sprechen! Ich kann nicht gehen in dieser Rüstung.«

- »Die christliche Religion verbietet schwächliches Jammern und ängstliches Zagen. Ein männlich-heldischer Zug liegt in der paulinischen Waffenpredigt.«

- »Christkönig hat für diesen geistlichen Kampf die allgemeine Wehrpflicht eingeführt.«

- »Auch in Zeiten voll Blut und Eisen ist die Vorsehung Gottes am Werk.«

- »Auch über dem Ablauf des Einzellebens waltet die Vorsehung Gottes« (ein ganz besonders geschmackvolles Wort angesichts der Toten im KZ und Krieg).

- »Ich denke an die Treue des Soldaten zum Fahneneid. Das deutsche Lied hat es in die Welt hinausgerufen! Die Treue ist uns kein leerer Wahn.«

- »Die Hauptfrage ist nicht, in welchem Alter der einzelne stirbt. Die Hauptfrage ist, ob er in seinem Leben, auch wenn es nur 20 oder 30 Jahre umfasst, den Willen Gottes erfüllt.«

- »Achtet die Volksrechte, die Staatsrechte, die Gottesrechte.«

Angesichts solcher Kriegstreiberei fallen andere Sätze wie Schalmeitöne aus, obwohl sie es nun wirklich auch nicht sind. Ein Beispiel, das er immer wiederholt: »Wehe dem Volk, das die eheliche und aussereheliche

Friede und Versöhnung auch zwischen den Bekenntnissen!. Und wenn in der Vergangenheit, in den 400 Jahren bittere Worte gesprochen wurden, die Wellen der Donau und des Rheins und der Elbe sollen die trüben Fluten der Vergangenheit fortschwemmen und begraben. Die Kirche wird in ihren Grundsätzen kein Jota abstreichen und immer wieder vor den konfessionell gemischten Ehen warnen. Nicht aus Intoleranz gegen die Andersgläubigen, sondern aus der hohen Auffassung von der Ehe. Grundsätzlich soll die Ehe eine so vollendete Harmonie der beiden Seelen sein, daß in den tiefsten Fragen des Glaubens keine Verschiedenheit bestehen darf. Bei den Freunden der Una Sancta handelt es sich auch gar nicht darum, von der eigenen Überzeugung abzustreichen. Es handelt sich darum, in brüderlicher Liebe sich auszusprechen und wenigstens in der Form Brücken der Verständigung zu bauen.

Faulhaber am 3. März 1940 zur Ökumene

Mutterschaft gleichschaltet und mit der ehelichen Treue die Ehre seiner Frau preisgibt.« Fünf Jahre später soll er dann klagen, daß die Frauen die Ehre ihrer noch vermißten Männer preisgeben.

Dann anderes wirres Zeug in seinem Kriegs-Hirtenbrief! »Es wäre eine Fehlentwicklung des Christentums, wenn in gottesdienstlichen Übungen wie im Leben überhaupt sentimentale Formen sich einschleichen würden.« Was soll eine Mutter, eine Ehefrau, die um ihren Liebsten bangen, damit anfangen? Sind Tränen, Trost und Trauer sentimental? Faulhaber hat ein Herz aus Stein.

Daß er dann selbst sentimental wird, merkt er wahrscheinlich gar nicht. In seiner Palmsonntagpredigt 1940 in St. Michael behauptet er, die Wahl von Pius XII. habe in Bayern »einen besonders lauten Widerhall, siebenfach wie das Echo am Königssee«, gehabt. Wenn vom Heiligen Vater die Rede ist, sah er in »leuchtende Augen« der Gläubigen. Seine Rundschreiben glichen der »dreifach flammenden Kerze«, der Papst sei von einer »genialen Geistesgrösse« und habe mit seinem »Aufruf zur Liebe« dazu beigetragen, »daß die katholische Bruderliebe kein leerer Schall ist«.

Angesichts des Frankreichfeldzuges 1940 klingt das wie ein Hohn für die katholischen Soldaten aus München und Paris. Wieder stehen sich Söhne gleicher Konfession gegenüber. Aber nicht in »katholischer Bruderliebe«. Faulhaber hat dies noch immer nicht verstanden, denn sonst müßte er nun wirklich anders reden. Aber er hat ja immer recht.

Daß er nicht mehr ganz bei Trost ist, zeigt ein so ganz anderer Passus seiner Palmsonntagsrede. Das Zitat wird ohne eine einzige Unterbrechung wiedergegeben: »Friede und Versöhnung auch zwischen den Bekenntnissen! Und wenn in der Vergangenheit, in den 400 Jahren bittere Worte gesprochen wurden, die Wellen der Donau und des Rheins und der Elbe sollen die trüben Fluten der Vergangenheit fortschwemmen und begraben. Die Kirche wird in ihren Grundsätzen kein Jota abstreichen und immer wieder vor den konfessionell gemischten Ehen warnen.« Logik hoch drei!

16

»Freuet euch, Deutsche zu sein»

Trotz Schikanen und Judenverfolgungen bleibt der Kardinal führertreu - 1941

Jetzt sitzt Faulhaber in der Falle. Völlig ohnmächtig muß er den Schandtaten der Nationalsozialisten zusehen. Auf den Einserschüler, Besserwisser und Unbelehrbaren braucht keine Rücksicht mehr genommen zu werden. Gebet und Kreuz verschwinden 1941 aus der Schule. Die bischöflichen Knabenseminare in Regensburg, Passau und Traunstein werden geschlossen, Hirtenbriefe kassiert, Romreisen verboten, Kirchenglocken zu Kanonen gegossen.

Und das schlimmste! Faulhaber kann zwar von Fall zu Fall protestieren, doch den Nationalsozialismus nicht mehr in Frage stellen. Zu sehr hat er in der Vergangenheit für Hitler Partei ergriffen. Ja man darf heute ohne Einschränkung sagen, der Münchner Kardinal ist einer der führertreuesten Deutschen. Jetzt ein Widerspruch! Niemand würde ihm dies abnehmen. Also Falle!

Wie oft in solchen Situationen - man weicht in die Vergangenheit aus. Und dazu bietet sich eine gute Möglichkeit. Am 2. Juli 1941 stirbt in seinem holländischen Exil der ehemalige Kaiser Wilhelm II. Er hat ihn, den kleinen Bäckerssohn aus Franken, zum Straßburger Professor ernannt und seiner Karriere den Weg gebahnt. Das waren noch Zeiten. Faulhaber schwelgt immer noch im Gottesgnadentum, er hat trotz der Kriege nichts dazugelernt. Dies beweist auch sein Beileidschreiben an Wilhelms zweite Frau Hermine. Der Inhalt: »Majestät! Aus den Berichten und Aufzeichnungen von Frau Gräfin von Luxburg habe ich nähere Kunde darüber erhalten, mit welch christlichem Heldenmut Kaiser Wilhelm II. die letzten schweren Tage und auch das Sterben in der Verbannung aus der Hand Gottes entgegennahm. Darf ich Euerer Majestät auch heute noch sagen, wie tief diese Schilderungen meine Seele ergriffen haben?« Der Schlußsatz: »Das Vergangene kehrt nicht wieder. Ging es aber leuchtend nieder, leuchtet's lange noch zurück.«

Faulhaber denkt noch 1941 darüber nach, ob nicht »auch ein Germane« unter dem Kreuz Christi gestanden habe (wie jetzt der deutsche Landser in aller Welt stehe)

»Leuchtend nieder« geht es jetzt auch mit Deutschland. Das Waffenfeuer in Ost und West läßt die deutsche Soldaten immer mehr am Erfolg zweifeln. Am 6. Juli 1941 ermahnen die deutschen Bischöfe, darunter auch Faulhaber, die Menschen »zu treuer Pflichterfüllung, tapferem Ausharren, opferwilligem Arbeiten und Kämpfen im Dienste unseres Volkes«. Beschlossen wird dieser Text von den Oberhirten »an dem Grabe des heiligen Bonifatius«. Dieser, so muß man wissen, ist für seine

Überzeugung gestorben. Er war tapfer und mutig. Ein Martyrer mit Vorbildcharakter!« Oder noch besser: Kein Faulhaber!

Am 17. August 1941 wenden sich dann die bayerischen Bischöfe an ihre Herde, und zwar »im Namen unseres Herrn Jesus Christus, den die Juden gekreuzigt haben.« Das klingt wie ein schlechter Witz, ist aber bittere Wahrheit. Und weiter ist die Rede vom »furchtbaren Kampf gegen den Bolschewismus«, vom »Geiste der grossen Vergangenheit«, von abgeschafften Bittprozessionen, Schulkreuzen und Feiertagen. Wir lesen aber auch: »Freuet euch, Deutsche zu sein!«

Noch schwulstiger schließlich die Allerseelenpredigt Faulhabers am 2. November 1941 im Münchner Dom. »Das Sterben«, so rät er den Soldaten, »wird weniger schwer und weniger bitter, wenn die Sterbensnot im Aufblick zum Kreuz überwunden wird.« Und: »Wer zu Füssen eines Kreuzes begraben ist, ruht nicht in fremder Erde, der ruht in geweihter, in heimatlicher Erde.«

Dann wird es noch abstruser. Faulhaber greift die These auf, daß unter dem Kreuz Christi »auch ein Germane gewesen sei«. Der Oberhirte: »Das ist nicht Evangelium, es ist aber nicht unmöglich.« Jeder kann sich denken, was er will. Armer Lanzer draußen in der Weite Rußlands!

Keine Anklage gegen seine Mörder, die ihn vorsätzlich in den Tod schicken! Und keine Anklage gegen die Mörder der Juden. Faulhaber weiß Bescheid. Am 13. November 1941 schreibt er dem Breslauer Erzbischof Bertram: »Wie vor einigen Wochen in Wien werden zur Zeit auch in München, wahrscheinlich auch noch in anderen Städten, die Nichtarier in brutaler Form und unter unmenschlichen Auflagen nach Polen abtransportiert.« Man müsse überlegen, so argumentiert Faulhaber, »eine Eingabe an höchster Stelle« zu machen, »damit wenigstens die härtesten Härten, die einmal auf unser Volk zurückfallen, vermieden werden«.

Doch dann wird wieder zum Krieg angestachelt. Am 10. Dezember 1941 erklärt Faulhaber von der Kanzel: »Schrecklich ist das Bild des Bolschewismus, wie es unsere Soldaten kennen lernen. Gewaltig und furchtbar ist das Ringen gegen diesen Weltfeind.« Daß Deutschland inzwischen zum Weltfeind geworden ist, merkt der Prediger nicht.

17

»Gebt dem Staate, was des Staates ist»

In aussichtsloser Lage wird Gehorsam gegenüber dem Regime gefordert - 1942/1943

Am 1. Januar 1942 verpflichten sich 26 Staaten, die gegen Hitler Krieg führen, keinen Sonderwaffenstillstand zu schließen. Dazu gehören die USA und die europäischen Großmächte. Die Deutschen können sich also ohne viel Sachverstand ausrechnen, daß der Krieg nicht zu gewinnen sein wird. Tatsächlich bringt Ende 1942 die Katastrophe von Stalingrad den großen Wechsel.

Natürlich steht jetzt Faulhaber auf verlorenem Posten. Aber er ist sich immer noch keiner Schuld bewußt. Und so predigt er munter weiter, daß der Soldatentod angesichts des Kreuzes keine gar so schlimme Sache sei. In seinem Hirtenbrief vom 10. Februar wendet er sich an die »Trauernden« und meint: »Klammert euch, wenn die Todesmeldung aus dem Felde kommt, an die Verheissung Christi!« Weiter: »Die christliche Hoffnung hebt zu den Sternen den sinkenden Mut.«

Am 8. März überschreibt er seine Predigt in St. Michael mit dem Satz: »Gebt dem Staate, was des Staates ist, und der Kirche, was der Kirche ist.« Das ist eine klare Bejahung des Krieges. Hätte sich Faulhaber wenigstens ein anderes Thema gesucht. Aber nein, er hält weiter zum Führer. Sein Schlußwort: »Gott will die staatliche Ordnung und will, dass die Katholiken sich ein- und unterordnen.«

Unfaßbar dann sein Hirtenwort am 14. Juli. Faulhaber behauptet: »Auch in diesem Krieg ist die Gnade des Herrn am Werk.« Dann begründet er diesen Ausspruch: »Viele finden draußen ihren Herrgott wieder, den sie daheim im Frieden verloren hatten.« Das verbrecherische Völkermorden als heilsames Missionsrezept also!

Als sich im September die deutschen Bischöfe in Fulda treffen, gedenken sie der Opfer des Krieges. Doch staatstragende und damit regimeunterstützende Parolen, wie sie Faulhaber in München von sich gibt, enthält ihr »Gemeinsamer Hirtenbrief« nicht.

Für das Gewissen derer, die in ihrem Amt und ihrer Stellung bedrückt werden, aus der römischkatholischen Kirche auszutreten, sage ich: Gott will die staatliche Ordnung und will, dass die Katholiken sich ein- und unterordnen. Gott will aber auch die kirchliche Ordnung. Wir sind bereit, für die staatliche Ordnung einzutreten und aus unserem Glauben heraus für die Volksgemeinschaft Opfer zu bringen. Wir sind aber nicht bereit, an unserer Kirche zum Verräter zu werde. Wir halten uns an das Wort des Herrn: "Gebt dem Kaiser, was des Kaisers ist, und Gott, was Gottes ist" (Mat. 22,21). Für unsere Zeit übersetzt heisst das: Gebt dem Staate, was des Staates ist, und der Kirche, was der Kirche ist!

Bemerkung: Vorstehende Predigt wurde unter Verantwortung von Kardinal Faulhaber hergestellt.

»Gott will die staatliche Ordnung«, ruft Faulhaber am 8. März 1942 in der Münchner Michaelskirche aus

Am 28. September lamentiert Faulhaber dann über die Luftangriffe und beklagt ihre Opfer. Viele von ihnen sind ohne Kreuz bestattet worden, schimpft der Erzbischof und fährt fort: Könnten die Toten reden, würden sie sagen: »Wir waren Christen, wir waren keine Juden und keine Heiden.« Wieder dieser unappetitliche Hinweis auf die für Faulhaber falsche Religion der Nichtarier!

Die Silvesterpredigt 1942 wird schließlich von Stalingrad überschattet. Aber Jammern gilt nicht. Faulhaber sagt: »Der Krieg hat uns in eine harte Schule geführt, wir müssen lernen, wieder einfacher zu werden.« Was das heißen soll? »Wir müssen in manchen Dingen, im Alkoholgenuss und anderen Genüssen, in der Lebenshaltung bis zum Titelwesen und Briefschreiben einfacher werden.« Man wünschte sich, daß er wenigstens diesbezüglich ein Vorbild abgibt. Aber das Gegenteil ist der Fall, er gebraucht noch 1942 folgenden Titel für sich: »Michael – durch Gottes Barmherzigkeit und des Apostolischen Thrones Gnade Erzbischof von München, Kardinalpriester der Heiligen Römischen Kirche.«

Dann 1943! Der Krieg ist verloren, Stalingrad brachte und bringt Ende und Wende. Hitler hat keine Chance mehr. Freilich, der Blutzoll an der Grenze zum Wahnsinn wird immer höher. Im Feld und im Lager, wie man damals das KZ nennt! »Neuhäusler, zur Zeit im Lager Dachau«, schreibt Faulhaber am 12. März an seine Priester. Aber er glaubt nicht nur an seinen Gott, sondern auch an Wunder. Bomben gehen über München nieder. Doch die Madonna von der Mariensäule, die in den Dom gebracht wurde, überlebt allen Terror von oben. Ein Seidentuch hat »die Makellose vor den Staubwolken geschützt«, freut sich der Kardinal.

Ende März hält er dann in Stichpunkten seine Eindrücke fest. Wichtigstes Ereignis des noch jungen Jahres: die Hinrichtung der »Geschwister Scholl evangelisch«. Er zählt noch mehrere Widerstandskämpfer auf und schreibt: »Die Köpfe rollen.«

Aber jetzt bitte keinen katholischen Widerstand! Faulhaber: »Wir könnten den Gegnern der Kirche keinen größeren Gefallen tun, als jetzt große Kanonen auffahren. Jetzt, wo man in Schwierigkeiten steckt, würde man sofort die Geschichte vom Dolchstoß wieder aufleben lassen.« Mag oder kann der Kardinal nicht erkennen, daß er noch nie »große Kanonen« aufgefahren hat, daß es schon nicht schlecht gewesen wäre, wenn er manchmal wenigstens den Mund gehalten hätte?

Die Geschwister Scholl werden am 22. Februar 1943 in Stadelheim ermordet. Sechs Tage später verlesen die Priester der Erzdiözese München-Freising den »Fastenhirtenbrief 1943«. Es geht um den Wiederaufbau der zerstörten Gotteshäuser. »Wir hoffen, dass nach dem Krieg die Kirchen und Glocken dem katholischen Kult zurückgegeben werden und die Freiheit des katholischen Kultus in allem wieder hergestellt werde«, läßt Faulhaber verlauten. Und noch etwas hält er für wichtig: Die Altäre »dürfen nicht mit künstlichen Blumen verunziert werden«, die Tabernakel müssen »feuersicher eingerichtet« werden.

Dann bitte! »Für die heilige Messe wie auch für die Spendung der heiligen Sakramente und für Segnungen und Weihungen bleibt die Kirche bei der lateinischen Sprache. Was für eine babylonische Verwirrung gäbe es, wenn in allen Ländern, deren Sprachgebiet der Schnellzug in einem halben Tag durchfährt, in der jeweiligen Landessprache die heilige Messe gefeiert würde?« Was hätte da Faulhaber zum zweiten Vatikanum gesagt?

Wie überholt aber schon 1943 seine Theologie und Theorien sind, illustriert seine Aufforderung, den »Goffinè« in den Familien zu lesen. Damit meint er die 1907 in Regensburg und Rom edierte »Christkatholische Handpostille«. Ein Gruselkabinett aus dem Reich der Homiletik! Da ist zu lesen vom »Strafgericht über das ungläubige Judenvolk«, von »Freveln, welche das Vok der Juden verübt hatte« und von »ihrer Blindheit«.

Am 7. März predigt Faulhaber in St. Michael: »Der Staat hat das Recht, Steuern zu erheben und Opfer an Gut und Blut zu fordern zur Verteidigung des Vaterlandes.« Und weiterer Schwachsinn in dieser Ära der Aggressionen und Morde: »Der einzelne hat der Volksgemeinschaft gegenüber heilige Pflichten. Er muss der Gesamtheit dienen und im Notfall sogar bereit sein, das Leben einzusetzen.« Den Angehörigen, »die um einen Stalingrad-Kämpfer bangen«, ruft er zu: »Seid getrost, die Augen Gottes leuchten über den ganzen Erdkreis.«

Am 15.August 1943 wird die zerstörte Metropolitankirche Faulhabers neu eröffnet. »Die Bischöfe sind wie alle Geistlichen aus dem politischen Leben ausgeschaltet«, klagt er und ruft »die Schutzherrin unseres Landes und unserer Stadt« an. Doch diese Funktion hat sie längst aufgegeben. Das ist keine Plasphemie, sondern Tatsache. Fast halb München liegt schon in Schutt und Asche, und es soll noch viel schlimmer kommen.

Aber Faulhaber wird jetzt auch noch taktlos. Millionen von Juden sterben in den Gaskammern des Ostens, und der Kardinal deutet die Ankündigung, sich für die Zerstörungen zu rächen, als einen »Rückfall in die Zeit der mosaisch-jüdischen Rechtsordnung«. Einige Zeilen weiter der Satz: »Wir müssen von unserer Heimat den Bolschewismus fernhalten.«

Als Faulhaber dann im Oktober 1943 vom Todesurteil gegen den Pfarrer Max Metzger, den Begründer des Weltfriedensbundes, erfährt, schreibt er: »Der Klerus muß wohl immer wieder ermahnt werden, keine unüberlegten Äußerungen zu tun.«

Und Faulhaber tut sie bestimmt nicht. Was hat man Zarah Leander das Lied »Ich weiß, es wird einmal ein Wunder geschehen« übelgenommen! Der Münchner Kardinal redet ebenfalls von Wundern. In seiner Silvesterpredigt 1943 erklärt er, es »brechen leicht die Wunden des alten Jahres wieder auf«. Und er fügt hinzu: »Nicht bloss beim Namen Stalingrad.« Aber: »Es gibt auch heute noch Wunder.« Und weiter: »Auch in Kriegszeiten besonders Bekehrungswunder in den Seelen unserer Brüder an den Fronten des Krieges.« Resümee: »Es ist wirklich eine wundenreiche und eine wunderreiche Zeit.«

18

Ungebrochene »Verehrung zum Führer«

Das Attentat vom 20. Juli ist für Faulhaber ein »himmelschreiendes Verbrechen« - 1944

Der Krieg ist längst verloren, das Judentum in Deutschland nahezu ausgerottet - und Faulhaber betet immer noch für den Führer. Das Attentat vom 20. Juli 1944 verurteilt er. Was soll man da sagen?

Doch diese Chronik, so widerlich sie ist, muß zu Ende geschrieben werden. Daß Faulhaber im Fastenhirtenbrief noch konservative Theologie verbreitet, wie die Geschichte »von der Erschaffung der Welt und der ersten Menschen«, fällt direkt wohlwollend auf. Doch im gleichen Atemzug ein unnötiger Seitenhieb gegen die Nichtarier! Petrus, so verkündet er, sei aus dem Gefängnis befreit worden und hat dann »den Staub des Judenlandes von den Füssen (ge)schüttelt«.

Am 19. Mai wieder so ein Ausfall! Er predigt im Dom: »Wenn der Herr neben jede Kirche und jedes Heiligenbild einen Engel stellen würde, der mit flammendem Schwert alle Schädlinge abzuwehren hätte, wenn also um jede Kirche eine ewige Wunderkette sich schlingen würde, dann stünde der Kirchenbesuch in Blüte, und doch hätten wir dann vor lauter Religion keine Religion, weil ein solcher Glaube sich nur auf das äussere Wunder stützen würde statt auf die innere freie Zustimmung zum Worte Gottes und zum Worte der Kirche. Nein, so leicht, so mechanisch äusserlich kommt das Glauben nicht zu stande.« Anschließend die wirklich weit hergeholte und völlig überflüssige Folgerung: »In diesem Aberglauben lebten die Juden.«

Bei der Nennung des Namens Gottes wird der Prediger dann martialisch. »Bombenfest« sei die Tatsache: »Nicht willkürlich wie ein Tyrann, souverän als der König der Könige führt er Seine ewigen Ratschlüsse durch, auch wenn er mit Blitzen Weltgeschichte schreibt.« In diesen Zeiten des Krieges »müssen alle Gebete getragen sein von der absoluten Unterordnung unserer Gedanken unter die Gedanken Gottes«.

Und die Bomben fallen weiter auf München. Faulhaber listet die Verluste immer wieder auf. Glücklich ist er über die Rettung eines besonders wichtigen Stückes. Er schreibt: »Namentlich wurde die für die Weiterführung der Kirchensteuer unentbehrliche Kartei den Flammen entrissen.«

Dann eine Reaktion, die Faulhaber entehrt. 20. Juli 1944. Es ist zum verzweifeln, wieder mißlingt ein Attentat auf Hitler. »Das furchtbare Verbrechen«, nennt es der Kardinal. Daraufhin die Begründung: »Das Leben des rechtmäßigen Staatsoberhauptes des Deutschen Reiches steht überdies unter dem Schutz des 4. Gebotes, das uns den Gehorsam und die Treue gegenüber der staatlichen Obrigkeit zur Pflicht macht.« Und weiter: »Es gibt keine Gewalt, die nicht von Gott stammt. Wo eine Gewalt besteht, ist sie von Gott angeordnet. Wer sich gegen die Gewalt auflehnt, lehnt sich gegen die Anordnung Gottes auf.« Danach ist auch die »Gewalt« Stalins von Gott angeordnet, wird man annehmen dürfen.

Im August 1944 wird Faulhaber dann von der Gestapo vernommen. Er soll sich mit dem Widerstandskämpfer Goerdeler getroffen haben. Gegenüber den Verhörern gibt der Kardinal zu Protokoll, das von ihm auch unterzeichnet wird: »Ich bin erschüttert, Herr Regierungsrat, in einer Sache gefragt zu werden, die, wenn es sich auch um weit zurückliegenden Termin handelt, Männer betrifft, die, wie wir heute wissen, das himmelschreiende Verbrechen des 20. Juli vorbereitet und durchgeführt haben. Ich bin erschüttert, weil ich als Bischof das Verbrechen eines Mordplanes und vollends eines Planes gegen das Staatsoberhaupt vor aller Welt verdammen und brandmarken muß. Weil ich vor dem 20. Juli einen solchen Wahnsinn, der unser Volk in das furchtbarste Chaos gestürzt und den Bolschewismus in der radikalsten Form zum Siege geführt hätte...« Dann der Satz: »Weil ich persönlich die Verehrung zum Führer seit der langen Aussprache vom 4. November 1936 mir bewahrt habe.«

Fasse, wer es fassen kann, muß man frei nach der Bibel sagen. Aber es wird noch peinlicher. Faulhaber räumt ein, sich mit Goerdeler getroffen zu haben und teilt mit: »Hätte ich auch nur den leisesten Eindruck gehabt, es sei hier ein staatsfeindliches Komplott im Werden oder ein hochverräterisches Unternehmen in Vorbereitung, hätte ich das pflichtgemäß der Staatspolizei zur Anzeige gebracht.« Und er brüstet sich schließlich noch mit dem Satz: »Solche Anzeigen an die Geheime Staatspolizei München habe ich in mehreren Fällen am 18. Juli 39 und am

9. Januar 1943 erstattet.« Schon 1939 habe er seine Priester angewiesen, mit der Gestapo zusammenzuarbeiten.

Und dieser miese Charakter Faulhaber stellt sich am 24. Oktober im Dom vor seine Gläubigen und redet über »unsere himmlische Patronin« und Gott, »Glaubensaugen« und Hölle, ja er bedient sich der Schlagwörter der Nationalsozialisten und spricht zweimal vom »Endsieg der Liebe«. Sogar der heilige Franz von Assisi wird bemüht, »der den Wolf seinen Bruder nannte und gewiß auch die Alarmsirene Schwester Sirene genannt hätte«.

Nein, so leicht, so mechanisch äusserlich kommt das Glauben nicht zu stande. In diesem Aberglauben lebten die Juden, denen der Prophet Jeremias die Strafrede hielt: Ihr sagt immer: "Der Tempel des Herrn, der Tempel des Herrn", ich aber sage euch: Wenn ihr nicht umkehrt von euren verkehrten Wegen, wird auch der Tempel des Herrn euch nicht retten und selber zerstört werden (Jer. 7,4-14). Der Tempel des Herrn kann in Trümmer sinken, der Herr des Tempels aber lebt und regiert in Ewigkeit.

Sticheleien gegen die Juden am 19. Mai 1944 im Münchner Dom

«Selbstmord gleich Fahnenflucht«, so überschreibt Faulhaber seine Allerseelenpredigt 1944. Er zitiert die Statistik von 1928 (16 000 Selbstmörder in Deutschland) und kommt zu dem verabscheuungswürdigen Ergebnis: »Bei dieser Zahl wäre für jedes Jahr ein Armeekorps waffenfähiger Mannschaft abzuschreiben.«

Klar, daß die katholische Kirche den Selbstmord verurteilt! Aber als Argument noch die Nationalsozialisten heranziehen? Wörtlich sagt Faulhaber: »Heute noch wird in einem Erlass der Wehrmacht der Selbstmord mit Fahnenflucht in eine Linie gestellt.«

19

»Bedenken gegen Selbstbiographien«

In seinen Memoiren kann Faulhaber bei sich keine Fehlentscheidung entdecken – 1944

Im September 1944 schließt Faulhaber seine Memoiren ab, die er 1942 begonnen hatte. »Dem Verfasser«, so schreibt er im Vorwort, »sind die ernsten und begründeten Bedenken gegen Selbstbiographien bekannt.« Tatsächlich begeht er alle Fehler, die schlechte Autobiographen gemacht haben. Er glorifiziert sich bis zur Unerträglichkeit. Keine Spur der leisesten Kritik an sich, sieht man von der hohlen Form ab: »Nimm hin, heiliger Vater, allmächtiger ewiger Gott, diese Opfergabe pro negligentiis meis, für meine Unterlassungen, für meine Lücken, für das, was nicht geschah.« Beim Namen nennt er diese seine Unterlassungen nicht. Wohl aber betont er: »Das Gesetz der Wahrheit verpflichtet.« Im gleichen Atemzug setzt er diesem Satz aber Grenzen. Er sei dem »Gebot der Diskretion gegenüber Personen, die noch leben, und gegenüber dem Amtsgeheimnis« verpflichtet.

Zunächst verrät er: »Mit dem Erscheinen eines Buches von dieser Art konnte also nach menschlichem Ermessen auf lange Zeit hinaus nicht gerechnet werden.« Das heißt, er glaubt noch nicht an das bevorstehende Ende der Hitler-Diktatur. Einige Zeilen später spricht er aber dann von der »Zeitenwende, die unaufhaltsam kommt«. Sie werde Veränderungen in Staat und Kirche bringen.

Das Interessante an den Memoiren aber ist die Taktik, mit der er seine Abkehr von Hitler vorbereitet. Hören wir ihm zu: »Auch aus einem persönlichen Grund könnte der Weg dieser Selbstbiographie in die Öffentlichkeit in Buchform etwas Gutes stiften. Dem Kardinal Faulhaber ist ein wohlgerütteltes Maß von Schmähungen und Beschimpfungen zuteil geworden.« Wer ist in dieser Zeit nicht beschimpft worden? Doch wer gegen Faulhaber etwas sagt, begeht eine Gottesbeleidigung.

Dann folgt auf vielen Seiten die alte Leier. Der Kaiser Wilhelm II. sei ein Mann »von souveränem Weitblick« gewesen. Er lobt sein Engagement

Die Gebete der hl.Messe enthalten zwei Hinweise,die jeden Tag zu denken geben. In den Opfergebeten den Hinweis:Nimm hin,heiliger Vater,allmächtiger ewiger Gott,diese Opfergabe "pro negligentiis meis,für meine Unterlassungen",für meine Lücken,für das,was nicht geschah. In der Präfation den Hinweis,es sei "recht ~~[illegible]~~ und heilsam", "dem Herrn immer und überall zu danken". Wer die Führungen des Herrn an sich erlebt hat und sich der Vorsehung zu Dank verpflichtet fühlt,tut also "recht" daran, dem Namen des Herrn auch öffentlich die Ehre zu geben und im Rückblick auf ein langes Leben mit dem 135.Psalm zu sprechen: "Confitemini Domino, preiset den Herrn,denn Er ist gut,denn auf ewig währet Sein Erbarmen".

Im September 1944.

Kardinal Faulhaber.

Im September 1944 schließt Faulhaber seine Memoiren ab. Schlußabsatz des Vorwortes.

im Bereich Feldseelsorge, Faulhabers Lieblingskind. In diesem Zusammenhang zitiert der Kardinal sogar Hitler, der zu ihm gesagt habe, »er könne sich nicht vorstellen, wie ein Soldat ohne Gottesglauben drei Tage im Trommelfeuer aushalte«.

»Ohne Glaube«, so doziert Faulhaber weiter, »ist es unmöglich, das Welträtsel dieses (Ersten) Weltkrieges zu lösen«. Als aber die Niederlage 1918 immer deutlicher wurde, »ordnete ich anfangs Oktober für die Erzdiözese außerordentliche Kriegsandachten an«. Diese habe sogar König Ludwig III. »wiederholt persönlich« besucht.

Trotz seiner gelegentlichen Denunzierungen der Frauen rühmt er sich als »der Mann, der die bislang im Dornröschenschlaf schlummernden geistigen Kräfte der gebildeten Frauenwelt mobilisierte, sammelte, veredelte und sie der Allgemeinheit dienstbar machte«. Er sei von Anfang an für das Frauenstudium gewesen und stellt fest: »Die Nerven der Studentinnen haben bei den Prüfungen weniger oft versagt als die der männlichen Kommilitonen.« Dann wieder sagt er, er habe am »Grundsatz der Auslese« festgehalten, »um das Frauenstudium nicht zur Mode werden zu lassen«. Was soll dann die Behauptung: »Ein Glück, daß der Mann nicht so stark vom Gefühl beherrscht wird wie die Frau«.

Platitüden auch über seine Gläubigen. »Die Bayern stehen in dem bösen Ruf, dem Laster der Trunksucht ergeben zu sein.« Dann der Ratschlag: »Jeder einzelne sollte mithelfen, durch Selbstzucht und Selbstbeherrschung den bösen Ruf der Bayern zu verbessern, auch bei der Wiedersehensfeier von Regimentskameraden.« Der darauffolgende Satz: »Wir Bayern wissen, wir sind mit dem deutschen Volk im ganzen auf Leben und Tod verbunden. Der deutsche Süden spricht zum deutschen Norden: Dein Leben ist mein Leben und dein Tod wäre mein Tod.« Wir haben dies schon einmal ganz anders gelesen!

Eine Demokratie wie heute ist für Faulhaber unvorstellbar. Noch 1944 schwärmt er für Kaiser Wilhelm II. und seinen »souveränen Weitblick«.

Schließlich die Betonung der Gemeinsamkeiten zwischen Führer und Faulhaber! Beide wollten ursprünglich den Frieden, behauptet der Kardinal kühn. Es war merkwürdig, »daß der Führer selbst dem Sinne nach die gleichen Grundsätze aufstellte«, schreibt der Autobiograph und zieht den Schluß: »Daran aber ist nicht zu deuteln, daß meine Friedenspredigt in gleicher Weise wie später der Führer den Frieden der Gleichberechtigung gefordert hat.«

Der Zweite Weltkrieg ist längst verloren, Hitler steht längst als einer der größten Verbrecher in der Menschheitsgeschichte fest, als Faulhaber dies alles so behauptet. Das Papier ist geduldig, der Geist aber schwach.

20

»Kein Handel mit weissen Sklavinnen«

In der »Oberhirtlichen Christenlehre« werden Eheleute zu Sündern erklärt - 1945

Die Juden im Machtbereich Hitlers sind nahezu ausgerottet, da beginnt Faulhaber seine »Oberhirtliche Christenlehre über das heilige Sakrament der Ehe« mit der Feststellung: »Am mosaischen Eherecht hatten sich manche Unordnungen angesetzt.« Moses habe nämlich die Ehescheidung erlaubt. Für die katholische Kirche komme dieses »Zugeständnis« nicht in Frage. Der Effekt dieser Aussage wäre derselbe gewesen, wenn man nicht wieder die Juden als Prügelknaben herangezogen hätte. Aber solche Seitenhiebe hört das Regime eben zu gerne.

Dann geht Faulhaber zur Sache. »Die Ehe ist ein grosses Geheimnis, vom Heiland zur Würde eines Sakramentes, also zu einem der grössten Geheimnisse im Reiche der Gnade erhoben.« An der Kinderzahl könne man erkennen, ob sich die Eheleute auch an die katholischen Moralvorstellungen halten.

Und so poltert Faulhaber: »Statt eine Werkstätte schöpferischer Liebe zu sein, sind viele Ehen eine Brutstätte sinnlicher Leidenschaft. Statt Wiegen neuen Lebens zu sein, sind sie Särge des Todes. Man kann geradezu von einem Greuel der Verwüstung an heiliger Stätte, von einem Sündenfall der Ehe sprechen.«

Das ist aber noch nicht alles. »Die Ehe ist ein Garten Gottes, keine Giftpflanzung von Sodoma und Gomorrha. Die Ehe ist ein gottgegebener Beruf, eine Verantwortung, kein Abenteuer, kein Fastnachtstaumel. Die Ehe ist ein heiliges Sakrament, kein Geschäft, keine Versorgungsanstalt, kein Handel mit weissen Sklavinnen.«

Und wie geht man zum Traualtar? Faulhaber: »Ihr tragt einen kostbaren Schatz in zerbrechlichen Gefässen. Kommt nicht mit den Scherben zerbrochener Ehre zum Traualtar! Hütet euch, den Brautstand durch schwere Sünden zu entweihen! Wie kann ein Bräutigam sagen, er liebe seine Braut, wenn er ihr den Kranz vom Haupte reisst und ihre Seele in

Für das sittliche Leben innerhalb der Ehe hat der hl.Paulus für alle Zeiten eine christliche Hausordnung aufgestellt mit den Worten: "Die Ehe ist ein grosses Geheimnis - in Christus und in der Kirche". Das erste Gesetz dieser paulinischen Hausordnung lautet: "Der Mann ist das Haupt der Frau wie Christus das Haupt der Kirche ist". Frauenrechtler und Verfassungen haben die volle Gleichstellung von Mann und Frau verkündigt im Widerspruch mit dem biblischen Wort: "Ihr Frauen, seid untertan euren Männern, wie es sich ziemt im Herrn".

Faulhaber: »Der Mann ist das Haupt der Frau«

das grösste Unglück stösst?« Und: »Was für Strafgerichte werden für den Ehestand aufgespeichert, wenn im Brautstand die Sünden wie Wasser hineingetrunken werden!«

Man kann trefflich über die Moraltheologie streiten. Aber warum so verletzende Worte, warum soviel Gift in den Ausdrücken? Wo sind denn um Gotteswillen »Särge des Todes« auszumachen, wenn sich ein Paar nicht an die engen Vorschriften der Kirche hält? Faulhaber hat auch auf seinem ureigensten Gebiet, der Theologie, nicht erkannt, daß Argumente und Sachlichkeit den Beschimpfungen vorzuziehen sind.

Viele seiner starren Grundsätze sind geblieben oder wurden sachte revidiert. Was er aber über die »Mischehen«, die er für »verboten« hält, von sich gibt, wird heute längst anders gesehen. Daß er die Protestanten aber in so schweren Zeiten wie 1945 noch beleidigt, disqualifiziert ihn auch als Bischof.

«Wie sollen Ehegatten in gemischter Ehe«, so schreibt Faulhaber, »die Einheit des Geistes bewahren, wenn sie in den höchsten Fragen des geistigen Lebens uneinig sind, wenn der eine Teil die heilige Messe für Gottesdienst, der andere für Götzendienst hält, der eine Teil sieben, der andere nur zwei Sakramente kennt, der eine Teil das Papsttum für einen Segen, der andere für einen Fluch der Völker erklärt?«

Was hat Faulhaber 1945 für eine Vorstellung von der Ehe, wenn er den katholischen Partner vor der protestantischen Eheauffassung warnt? Der Kardinal: »Bringt die gemischte Ehe nicht auch dadurch einen Zwiespalt in die Familie, dass der nichtkatholische Teil im Glauben lebt, er könne die Ehe wieder auflösen und eine neue Ehe schliessen, während der katholische Teil unter allen Umständen lebenslänglich gebunden ist?«

Dann wird Faulhaber wieder ausfallend. »Tatsächlich gehen Jahr für Jahr in Deutschland durch die gemischten Ehen mehr Kinder dem katholischen Glauben verloren als durch die Missionsarbeit aller deutschen Missionare in den Heidenländern gewonnen werden.« Deshalb nennt er die »Mischehe« in gigantischer Übertreibung: »Du Mörderin der Kinderseelen.«

Schließlich umreißt er abermals die Rolle der Frau. »Das erste Gesetz« des heiligen Paulus laute: »Der Mann ist das Haupt der Frau wie Christus das Haupt der Kirche ist.« Und er fährt fort: »Frauenrechtler und Verfassungen haben die volle Gleichstellung von Mann und Frau verkündigt im Widerspruch mit dem biblischen Wort.« Schließlich zeigt er sich generös: »Die Frau soll Gehilfin des Mannes sein, nicht Sklavin.«

Männer gegen das »mosaische Eherecht«. Bayerische Bischofskonferenz (1931) mit Faulhaber (unten, zweiter von rechts).

21

»Niemals in politischen Fragen Auskunft geben«

Nach dem Krieg Gefallen in der Rolle eines tapferen Widerstandskämpfers - 1945/1946

Anfang 1945. Der Himmel Münchens ist voller Flieger. Niemand kann sich ihrer erwehren. Die Stadt versinkt im Bombenhagel der Alliierten. »Am schwersten ist unser Liebfrauendom heimgesucht worden«, schreibt Faulhaber am 12. Januar 1945 an den Klerus seines Bistums. Im Fastenhirtenbrief erklärt er den Kreuzweg Christi. Über ihn sagt er: »Mehr als die Schwere des Kreuzes haben die Sünden ihn zu Boden gedrückt, die ihm aufgeladen waren, die Sünden der Jugend, die Sünden der mittleren Jahrzehnte, die Sünden der Alten.« Warum spricht er nicht von den Todsünden und Verbrechen der Nationalsozialisten?

Das bleibt einer Zeit vorbehalten, in der sie besiegt sind, in der er keine Angst mehr haben muß. Natürlich weiß er genau, daß jetzt endgültig die Tage der braunen Verbrecher mit seinem von ihm vergötterten Hitler an der Spitze gezählt sind. Am 7. April macht er sich Gedanken, wie man mit den Protestanten zusammenarbeiten könne. Er will ihnen katholische Gotteshäuser überlassen. Aber aufgepaßt! Natürlich wird das Allerheiligste »vorher weggetragen und der Altartisch der andern außerhalb der Kommunionbank aufgestellt«.

Endlich marschieren am 30. April 1945 die Amerikaner in München ein. Hitler begeht an diesem Tag in Berlin Selbstmord. Faulhaber wird aber nicht etwa zur Verantwortung für seinen Führerkult gezogen. Es geschieht nun wirklich ein Wunder.

Bereits am 2. Mai schreibt er seinen Priestern: »Der Bischof kann nur in religiösen und sozialen, niemals in politischen Fragen Auskunft geben.« Dann teilt er mit: »In den Konzentrationslagern Buchenwald und Dachau sind himmelschreiende Unmenschlichkeiten vorgekommen.«

Und schon mischt er wieder mit. Zunächst fordert er die Landbevölkerung auf, der hungernden Bevölkerung in der Sadt zu helfen. »Auch wenn Ihr davon hört, daß in der Stadt manche deutsche Frauen und Mädchen in würdeloser Weise um die Gunst der fremden Soldaten buhlen.«

Am 17. Mai schreibt der Münchner Kardinal an den Papst in Rom: »Die Besatzungsbehörde besuchte mich gleich am ersten Tag und so ergaben sich bald friedliche Beziehungen zwischen der kirchlichen Behörde und den obersten Stellen der Besatzungstruppe.« Faulhaber zeigt sich jetzt von einer so ganz anderen Seite. Von der antifaschistischen! Die Amerikaner fallen darauf herein und versprechen ihm »militärischen Schutz für unsere Fronleichnamsprozession«.

Dann drängt er sich wieder in die politischen Fragen vor. Er weiß, wer von den Menschen schuldig und zu bestrafen ist und wer nicht. Immer wieder betont er dabei, mit den Amerikanern, »deren Sprache und Mentalität ich ein wenig kenne«, gut auszukommen.

Am 28. Juni 1945 unterzeichnet er als erster den ersten bayerischen Hirtenbrief in der befreiten Heimat. In ihm lesen wir: »Die deutschen Bischöfe haben, wie ihr selber wisst, von Anfang an vor den Irrlehren und Irrwegen des Nationalsozialismus ernstlich gewarnt.« Vergessen das Faulhaber-Wort vom März 1933, »mehr Toleranz gegen die neue Regierung zu üben«. Wie klingt da jetzt die Versicherung: »Wahrheit und Wahrhaftigkeit sollen uns heilig sein.«

Zusammen mit dem evangelischen Landesbischof Meiser verfaßt Faulhaber am 20. Juli ein Papier an die amerikanische Militärregierung. Welch ein Datum! Genau vor einem Jahr mißglückte das Attentat auf Hitler. In einem Telegramm teilte der Kardinal dem Verbrecher aus Braunau seine Empörung mit. Jetzt dieser Kernsatz: »Die geistige Umschulung unseres Volkes von den nationalsozialistischen Irrtümern zu den Grundsätzen der christlichen Moral, die Wiederaufrichtung der sozialen Ordnung im Geiste des Christentums, der wirtschaftliche und kulturelle Aufbau, zu dem wir alle beitragen wollen, dürfen nicht durch vermeidbare Härten in der Rechtspflege gestört werden.«

Und schon ist Faulhaber wieder mit dem mächtigsten Mann in Deutschland im Gespräch. Er schreibt an General Eisenhower einen Brief, in dem er vorschlägt, im ehemaligen KZ Dachau ein Kloster zu gründen. »Das Sternenbanner«, so meint er an anderer Stelle, »wird auch jetzt sich als Wunderzeichen der Gerechtigkeit und Humanität bewähren.«

Und auch in der Kommunalpolitik ist Faulhaber wieder zu finden. Am 18. November verkündet er bei der Rückführung der Madonna der Mariensäule auf den Marienplatz vor Tausenden von Münchnern: »München soll eine saubere Stadt sein.« Er spricht in diesem Zusammenhang »die Sauberkeit in den Strassen der Stadt, die Sauberkeit in der Presse, im Zeitungswesen und Bücherwesen, in Kino und Theater« an. Und abermals das alte Lied: »Es ist ein himmelweiter Unterschied zwischen Zucht und Unzucht, zwischen der sittlich geordneten und der wilden Mutterschaft.«

1946 erlassen die bayerischen Bischöfe eine »Mahnung zu den Gemeindewahlen«. So hören die Gläubigen am 20. Januar abermals, daß sie Anfang der dreißiger Jahre nicht richtig gewählt hätten. »Wir können nicht uninteressiert sein an der Neugestaltung unseres öffentlichen Lebens, nicht uninteressiert vor allem am künftigen Verhältnis zwischen Kirche und Staat und an der Gestaltung des Schul- und Erziehungswesens.«

Elf Tage später bekommen die Frauen der Erzdiözese München-Freising einen Hirtenbrief von Faulhaber vorgesetzt. Und er wird abermals ausfallend. Alles freut sich auf die wiedergeschenkte Freiheit. Als es darum geht, ob 1946 der Fasching gefeiert werden soll, schlagen die Wellen hoch. Die Münchner Polizei will das Tanzen verbieten, die Militärregierung erklärt, »wer gern tanzen will, mag es tun« (*Süddeutsche Zeitung* 22. Januar). Vor allem die Jugend will sich von den Alten keine Vorschriften machen lassen. Man sieht geschminkte und geschmückte Frauen und Liebespaare auf der Straße, die ihre Zuneigung im Tal der Zeit nicht verbergen. Und was sagt der Kardinal dazu? In seinem Hirtenbrief vom 2. Februar läßt er von den Kanzeln verlesen: »Sein Herz (ist) bedrückt, weil ein Teil der Frauen und Mädchen sich in der Gegenwart so unwürdig benimmt und alle christliche Sitte und Schamhaftigkeit ablegt.«

Dann begeht Faulhaber sein 25jähriges Kardinalsjubiläum. Die Zeitungen sind voll des Respektes. Von jetzt an taucht bei jedem Gedenkjahr die Legende von seinem Widerstand auf. So schreibt am 8. Februar 1946 die *Süddeutsche Zeitung,* der Kirchenfürst sei »durch sein mannhaftes christliches Bekennertum im Nazistaat rühmlich bekannt geworden«.

Am 17. Februar spricht ihm dann Papst Pius XII. »die höchste Anerkennung für seinen ausdauernden Kampf gegen das Naziregime aus«

(*Süddeutsche Zeitung* 19. Februar). Faulhaber erfaßt die Gunst der Stunde und erklärt in einem Interview, »daß er seit 1933 gerade wegen seines energischen Auftretens gegen die Judenverfolgungen von den Machthabern des Dritten Reiches angegriffen wurde« (*Neue Zeitung* 22. März).

Am 21. März gibt er dann im »Geleitwort« des Buches »Kreuz und Hakenkreuz« des im KZ Dachau gesessenen Domkapitulars Neuhäusler seiner fixen Idee eine dogmaähnliche Weihe. Er schreibt, er habe die Nazi-Zeit in der »Feuerlinie« miterlebt und kenne die »Verlogenheit und Gehässigkeit« der Machthaber. »Der Verfasser der Adventspredigten weiß ein Lied davon zu singen.« Daß dieser Song den Refrain hat »Die Vorsehung walte auch weiterhin über Ihrem Werk« (Faulhaber am 30. Dezember 1936 zu Hitler), ist plötzlich vergessen.

> Nach dem Tode Christi wurde Israel aus dem Dienst der Offenbarung entlassen. Sie hatten die Stunde der Heimsuchung nicht erkannt. Sie hatten den Gesalbten des Herrn verleugnet und verworfen, zur Stadt hinausgeführt und ans Kreuz geschlagen. Damals zerriß der Vorhang im Tempel auf Sion und damit der Bund zwischen dem Herrn und seinem Volk. Die Tochter Sion erhielt den Scheidebrief, und seitdem wandert der ewige Ahasver ruhelos über die Erde.

Faulhaber läutet 1933 seine Hetze gegen die Juden mit seinen Adventspredigten ein. Auszug aus seiner Ansprache am 3. Dezember in St. Michael. 1946 sieht er plötzlich alles ganz anders.

22

»Entlarvung Hitlers als eines Verbrechers»

Nach dem Tod des Führers beschimpft ihn der Kardinal 1947/1948

Am 4. März 1947 macht der numehr 78jährige Faulhaber in einem langen Brief an den bayerischen Ministerpräsidenten Ehard »Verbesserungsvorschläge« zum Entnazifizierungsgesetz. »Wir«, so betont er, »brauchen dabei wohl nicht des näheren auszuführen, das wir die Entnazifizierung und Entmilitarisierung unseres Volkes, sowie die gerechte Bestrafung aller der Personen, welche die Schuld an unserem ungeheuren Unglück und Zusammenbruch und an unerhörten Verbrechen haben, für notwendig und berechtigt erachten.« Und wieder kommt er mit der von Gott gesetzten Obrigkeit und zitiert das Pauluswort, wonach das Schwert gezückt werden muß gegen den, »der Böses tut«. Mit der Waffe ist der Kardinal ja schon von Anfang an schnell zur Hand. Er hat also immer noch nichts dazugelernt!

Dann das Ungeheuerliche, eine plötzliche Wandlung, die einem die Worte verschlägt! Faulhaber spricht auf Seite acht des Briefes an Ehard von der »Entlarvung Hitlers als eines Verbrechers, eines Wortbrüchigen, eines Kriegstreibers, Diktators«. Zwischen Breslau und Breisgau haben die anständigen Menschen um den braunen Verbrecher gewußt. Viele Millionen sind in der Diktatur Hitlers getötet worden, der Volksgerichtshof tagte und verurteilte in Permanenz zum Tode. Und der purpurrot bekleidete Mann im Erzbischöflichen Palais an der Promenadestraße kann dies erst jetzt erkennen?

Kurz darauf lobpreist Faulhaber dann in einer Abendpredigt Papst Pius XII., der schon immer die Jugendarbeit geschätzt habe. Der Münchner nicht so sehr, wie wir gesehen haben! In allen Äußerungen fällt jetzt aber wirklich angenehm auf, daß er die sonst so geliebten Seitenhiebe auf die Juden unterläßt.

Dafür hat sein Herz eine Volksgruppe erobert, derer er früher nicht oder nur am Rande gedachte. Der Bauern! Beim Diözesanjugendtag im

November 1947 sagt er: »Wir wollen auch das verlogene Wort nicht mehr hören, der Bauer habe vom Krieg nichts gespürt. Die kinderreichen Familien in einem Agrarland wie Bayern haben mehr Blutopfer gebracht als andere Stände.« So einfach ist das alles, was mögen sich die Arbeiterfrauen denken, deren Söhne ebenfalls im Feld geblieben sind?

Aber so ist es nun einmal. Viele Bauern hören solche Gemeinplätze gerne. Vielleicht auch diesen? »Unsere katholischen Jungbauern werden im Anschluß an den Bauernverband dem Glauben der Väter treubleiben und von den furchtbaren Zeitkrankheiten, Tuberkulose und Tanzwut, sich nicht anstecken lassen.« Man muß diesen Unsinn zweimal lesen, um ihn ganz zu erfassen.

An seinem 79. Geburtstag am 5. März 1948 läßt sich Faulhaber dann wieder als Widerstandskämpfer feiern. Und die Medien machen mit. Im *Münchner Merkur* lesen die Menschen vom »greisen Kirchenfürst, der sich durch sein mannhaftes Auftreten gegen den Nationalsozialismus weit über Deutschlands Grenzen hinaus Verehrung und Achtung erworben hat«.

Inzwischen ist diese Martyrerrolle so gefestigt, daß jedermann an sie glaubt. Da wird im Oktober gegen den ehemaligen Polizeipräsidenten Münchens, Karl Friedrich von Eberstein, verhandelt. 900 russische Kriegsgefangene, so heißt es, soll er erschießen haben lassen. Sein Rechtsanwalt gibt öffentlich bekannt, daß sich Faulhaber für ihn eingesetzt habe. Eberstein, so betont der Kardinal, sei einst der Beschützer jüdischer Geschäfte und des Erzbischöflichen Ordinariats gewesen.

Wenige Tage später ein noch größerer Coup! Faulhaber schlägt vor, auf dem Obersalzberg eine Sühnekirche zu errichten. Dort, wo er am 4. November 1936 zu Hitler sagte: »Sie sind als das Oberhaupt des Deutschen Reiches für uns gottgesetzte Autorität, rechtmäßige Obrigkeit, der wir im Gewissen Ehrfurcht und Gehorsam schulden.« Welch eine wunderbare Verklärung! Übrigens! Faulhaber hat auch schon ein Patrozinium für die neue Sühnekirche: »Verklärung Christi«.

Und schon ist er wieder mitten in der Politik. Beim Richtfest des Domdaches Mitte November 1948 spricht er »von der verfehlten und für weite Kreise unglückselig wirkenden Währungsreform«. Gottseidank legt man auf die Stimme des Kardinals keinen Wert mehr. Was hätte er sonst noch alles anstellen können, wird man heute fragen dürfen.

23

»Gehorchet Euren Vorstehern»

Papst, Amerikaner, CSU und SPD würdigen den »Widerstandskämpfer« - 1949-1952

Am 15. Januar 1949 erscheint aus der Feder Faulhabers ein Grundsatzartikel, der immer noch vom Prinzip des Gottesstaates ausgeht. Das müsse so sein, so liest man im *Rheinischen Merkur,* »weil auch der Staat den Gesetzen Gottes unterworfen bleibt«. Wichtigste Forderung: die Bekenntnisschule. In einer Zeit, in der sich Katholiken und Protestanten in der CDU/CSU vereinigt haben, predigt Faulhaber noch immer vom Heil des katholischen Unterrichts. Doch auch dieser Typ soll sich nicht mehr lange halten.

Dann steht der 80. Geburtstag bevor. München verleiht dem Kardinal die Ehrenbürgerschaft. Unmittelbar vor ihm erhielten diese Auszeichnung Hitler und Göring (1946 wieder aberkannt). Alle sprechen vom Widerstand des Kardinals. Landtagspräsident Horlacher (CSU) redet vor den Abgeordneten von Faulhabers »immerwährendem Eintreten für den Völkerfrieden«. Welche Ignoranz!

Im Hirtenbrief der bayerischen Bischöfe zur ersten Bundestagswahl, den natürlich Faulhaber an erster Stelle unterzeichnet, lesen wir, daß die Kirche »oberhalb der politischen Parteien« stehe. Pausenlos wird den Gläubigen eingetrichtert, christliche Kandidaten zu wählen. Wer nicht zur Urne schreite, »belastet sein Gewissen mit Schuld«.

Im »Neujahrswort« 1950 schreibt Faulhaber in der *Katholischen Kirchenzeitung,* die er zu »meiner Kanzel« erhebt, viel vom Heiligen Jahr. »Vor 1950 Jahren ist im Stall von Bethlehem die Güte und Menschenfreundlichkeit Gottes unseres Heilandes erschienen.« Er mischt sich jetzt auch noch in die Historie ein. Christus ist früher geboren, denn Herodes lebte 3 vor Christus nachweislich und unumstößlich nicht mehr. Das freilich nur am Rande!

Aber Faulhaber hat recht, immer recht, was er einige Zeilen weiter schön ausdrückt. Er zitiert das Alte Testament, in dem steht: »Gehorchet

Euren Vorstehern und folget ihnen.« Noch immer nicht aus der Geschichte gelernt! Diese Aufforderung nach den bösen Erfahrungen mit den braunen Vorstehern und dem führerfreundlichen Vorsteher im Münchner Bischofshof kann man wirklich nur noch als eine schallende Ohrfeige für die Opfer in Millionenhöhe empfinden!

Im Fastenhirtenbrief 1950 wettert Faulhaber dann gegen weltliche Veranstaltungen an Sonn- und Feiertagen. Er warnt vor übertriebener Sportpflege und will mehr kirchliche Feiertage. Wegen der Bekenntnisschule schreibt er an den amerikanischen Hochkommissar John McCloy. Der US-Landeskommissar George Shuster gibt dem Kirchenfürsten am 18. Dezember 1950 einen Empfang und erklärt, durch seine Predigten habe der Kardinal »seine kompromißlose Opposition gegen dieses Regime verkündet und vielen Deutschen auf diese Weise neue Kraft für ihren Kampf gegeben.«

1950 treffen sich auch noch der erste deutsche Kanzler Adenauer und Faulhaber in München. »Ueber den Inhalt der Besprechung wird Stillschweigen gewahrt«, liest man in der *Süddeutschen Zeitung*. Der böse Vorfall auf dem Katholikentag 1922 ist sicher nicht vergessen.

Daß Kirchensteuer »für alle Zeiten christliches Gebot« ist, verkündet Faulhaber in seinem Fastenhirtenbrief 1951. Ein Blick in andere katholische Länder dieser Erde hätte ihn natürlich vor soviel Übertreibung bewahrt.

Dann Ende 1951 die größte Posse! Bundespräsident Heuss verleiht erstmals den höchsten Orden der noch jungen Bundesrepublik Deutschland, das Großkreuz des Verdienstordens. Man kann nur noch staunen! Unter den ersten drei Auserwählten befindet sich auch Faulhaber (mit dem früheren Reichstagspräsidenten Paul Löbe und dem Berliner Minister a.D. Friedrich Schmitt-Ott).

Ein Mann, der die Staatsmänner der deutschen Republik einst »Totengräber« beschimpft hat, der die Weimarer Republik solange diskriminierte, bis sie endlich selbst unter den krachenden Stiefeln der braunen Verbrecher zertreten wurde, dieser Mann schmückt sich jetzt mit einem republikanischen Orden. Das ist zuviel!

Zum Finale! Während der Fronleichnamsprozession 1952 (12. Juni) stirbt Faulhaber in München. In einem Telegramm würdigt Pius XII. den »um Kirche und Vaterland so hochverdienten Kardinal-Erzbischof von Faulhaber«. Aber selbst der Stellvertreter Christi ist noch zu überbieten.

Dies schafft der Münchner Oberbürgermeister Thomas Wimmer (SPD) in seinem Nachruf: »Mit unbeugsamer Entschiedenheit verurteilte der Mannesmut des Münchner Kirchenfürsten während der düsteren Epoche diktatorischer Willkür jede Beeinträchtigung des religiösen Lebens wie auch alle Unterdrückungsmaßnahmen auf außerkirchlichen Gebieten. Seine Anklage gegen die Ächtung unserer jüdischen Mitbürger ließ ganz Deutschland, ja die gesamte Welt aufhorchen.«

> Gedenket im Gebet und Opfer besonders des Heiligen Vaters Pius'XII., der die Sorge des Reiches Christi auf seinen Schultern trägt! "Gedenket Euerer Vorsteher, die Euch das Wort Gottes verkündet haben... Gehorchet Euren Vorstehern und folget ihnen! Sie wachen über Eure Seelen, da sie einst Rechenschaft abgeben müssen (Hebr.13,7,17)."

Neujahrsworte Faulhabers 1950: »Gehorchet Eueren Vorstehern und folget ihnen.«

Als Faulhaber am 17. Juni in der neuen Bischofsgruft im Münchner Liebfrauendom bestattet wird, erhebt sich die neue Zeit aus dem ungewöhnlich seltsamen Gemisch von Armut und Lebensfreude. In der bayerischen Landeshauptstadt treten in diversen Nachtclubs die ersten Strip-tease-Tänzerinnen auf, Hilde Knef ist in der »Schauburg« nach ihrem Streifen »Die Sünderin« in einer neuen Rolle zu sehen, in der Müllerstraße gibt es »Damen-Ringkämpfe« zu sehen, im »Bongo« tanzt die attraktive Fatme.

Genau ein Jahr später, am 17. Juni 1953 protestieren die Arbeiter Ostberlins gegen die kommunistische Regierung. Nach Faulhabers Vorstellung rebellieren auch sie gegen die von Gott gesetzte Obrigkeit. Welcher Wahn sinkt mit ihm 1952 endgültig ins Grab!

24

»Betet für euren gewesenen Erzbischof«

In seinem Testament zeigt Faulhaber keinerlei Reue und Einsicht – 1952

»Letztes Hirtenwort Seiner Eminenz des Herrn Kardinals und Erzbischofs Michael Faulhaber«, so überschreibt er sein Testament. Seine Klage über die Titelsucht hat er längst vergessen. Oder ist Eminenz kein Titel?

Um seine Rolle im Dritten Reich auch nach seinem Tod zu glorifizieren, gebraucht er einen Trick. Er vergibt seinen Feinden. Faulhaber: »Euer Erzbischof hat in seiner langen Bischofszeit viele Anfeindungen und Verleumdungen und Bedrohungen erduldet. In seinem Testament aber verzeiht er nochmals allen, die ihm jemals Unrecht oder sonst ein Leid zugefügt haben. Auch denen, die am 11. November 1938 mit Steinen seine Wohnung stürmten und sonstwie in Pressestimmen oder in Versammlungen seine Liebe zu Volk und Vaterland verdächtigten.«

Da trauern Millionen Mütter um ihre Söhne, Frauen um ihre Männer, Kinder um ihre Väter, da enden Millionen Juden in Gaskammern, da werden blühende Städte zu Geisterhalden – und da redet Faulhaber, der den Terror aufgrund seines Führerkults unbeschadet überstanden hat, so dumm daher!

Dann wieder so eine hinterhältige Formulierung: »Und habe ich, als ich für die Rechte Gottes und die Freiheit der Kirche und meine Weltanschauung eintreten mußte, zu scharfe Worte gesprochen und irgend jemand ohne Absicht gekränkt, so bitte ich, mir nicht nachzutragen.« So einfach ist das alles. Man verehrt den Verbrecher, der einen Weltbrand vom Zaune bricht und Millionen von Menschen auf dem Gewissen hat, solange, bis er Selbstmord verübt. In dieser wirren Argumentation bemüht man auch noch die »Rechte Gottes«.

Beim Weiterschreiben hat er vielleicht gemerkt, daß seine Worte nicht sehr überzeugend sind. Deshalb der Anhang: »Schwerer noch als die Verantwortung für das, was er gepredigt und geschaffen hat, ist vielleicht die Verantwortung für das, was er nicht getan hat.« Man kann jetzt natürlich rätseln. Bedeutet das, daß er nicht Offizier geworden ist? Oder sieht er ein, daß er den massiven Widerstand gegen Hitler unterlassen hat? Wir wissen es nicht. Und weil sich Faulhaber über diesen Satz ausschweigt, haben wir keinen Grund, eine späte Einsicht und Reue anzunehmen.

Bitter ist seine Rechthaberei auch gegenüber den Protestanten. Er lobt einige von ihnen wegen ihres Christusglaubens und »ihrer hohen Auffassung von Ehe und Familie«. Doch dann kommt es. Faulhaber: »Wir halten aber an unserem Glauben fest ohne Kompromiß und ohne ein Jota abstreichen zu lassen«.

Alles in allem, er ahnt doch den Fluch der Nachwelt. »Ich weiß, es werden nach meinem Tode reißende Wölfe zu euch kommen«, zitiert er die Apostelgeschichte des Neuen Testamentes. Dann die Bitte: »Betet für euren gewesenen Erzbischof.«

Ausklang! Ein halbes Jahrhundert ist seitdem vergangen. »Volk und Vaterland«, Ausdrücke, die er so gerne in den Mund nahm, haben sich total gewandelt. Es gibt in Bayern längst keine Bekenntnisschulen mehr, das Kreuz ist in Gymnasien und Berufsschulen die Ausnahme, die Frauen leben und lieben, wie sie es für richtig halten, nur wenige kennen noch den Lindenblütentee. Niemand trägt mehr »volles Pluder-Badekostüm«, über »Oben ohne« und »illegitime Mutterschaft« regt sich niemand mehr auf, fast keiner weint mehr den Wittelsbachern nach. Im katholischen Gottesdienst wird die jeweilige Landessprache gebraucht, Religionsunterricht ist nicht mehr verbindlich. Frauen sprechen in der Kirche Fürbitten, der tapfere Rupert Mayer (nicht Faulhaber!) wurde seliggesprochen.

Unmittelbar nach der Bestattung des Kirchenfürsten, noch am 17. Juni 1952, tritt der Münchner Stadtrat zu einer Dringlichkeitssitzung zusammen und beschließt in einem einmaligen Hauruckverfahren, ohne die üblichen Rückfragen und bürokratischen Riten, einstimmig, eine Straße nach Faulhaber in der Münchner City zu benennen. Man glaubt damals wie auch später an einen Heldenmut des Kardinals nach 1933. Noch heute lesen wir im amtlichen Straßenverzeichnis über Faulhaber: »Bekannt durch seinen unbeugsamen Widerstand gegen den Nationalsozialismus.«

Man sollte den Namen nicht ändern, erinnert sie doch Jung und Alt daran, das eigene Gewissen und Denken nicht anderen zu überlassen. Ob sie im Bischofstalar oder Bayernlook auftreten!

Letztes Hirtenwort Sr. Eminenz des Herrn Kardinals und Erzbischofs Michael Faulhaber

Mein Testament

Michael, gewesener Erzbischof von München, gewesener Kardinal der hl. Römischen Kirche, entbietet seinem Klerus und allen Diözesanen den letzten Gruß und Segen im Herrn.

Geliebte Diözesanen! Zusammen mit dem Hirtenstab hat euer bisheriger Erzbischof den Wanderstab der irdischen Pilgerfahrt aus der Hand gelegt und seine Seele in die Hände ihres Schöpfers und Erlösers zurückgegeben. Der Herr über Leben und Tod hatte wiederholt an seiner Türe angeklopft und ihn gemahnt: „Bestelle dein Haus" (Is. 28, 1). Von der Kanzel aus, von der ich euch so oft das Wort Gottes verkündet habe in den mehr als 25 Jahren meiner Bischofszeit in München, richte ich ein letztes Hirtenwort, sozusagen ein geistliches Testament, als letzten Willen an meine geliebten Diözesanen.

Im Namen des Vaters und des Sohnes und des Heiligen Geistes. Im Namen des Vaters, des „Vaters der Erbarmung" (2 Cor. 1, 3), dessen Vaterliebe mich ins Dasein gerufen, bis in das achte Jahrzehnt am Leben erhalten und mit zahllosen Wohltaten heimgesucht hat! Im Namen des Sohnes, des Eingeborenen vom Vater, der als Erlöser der Welt sein Blut im Kreuzestod für alle und für jeden, auch für mich aufgeopfert und mit seiner Auferstehung von den

Erste Seite des Testaments Faulhabers: Bescheidenheit bis zuletzt!

Quellen

1. Faulhabers Schriften:

Hirtenbriefe:
Die Kriegsleistungen und Kriegsaufgaben der Seelsorger (Fastenzeit 1916, Speyer); Wir treten bald in den 40. Kriegsmonat (1.1.1917, zusammen mit den deutschen Bischöfen); Wie ein Vorspiel zum Weltgericht (23.11.1918, an den Klerus); Herodes der Kindermörder (29.1.1919); Das göttliche Gesetzbuch (Fastenzeit 1924); Kein Trauergeläute für Reichspräsident Ebert (3.3.1925, an den Klerus); Hirtenwort zum Ableben des Reichspräsidenten von Hindenburg (2.8.1934); Elternrechte und Elternpflichten (Fastenzeit 1937); Zum religiösen Bekenntnis »Gottgläubige« (1.3.1937, an den Klerus); Die Waffenrüstung Gottes (20.1.1940); Über die Abschaffung des Religionsunterrichts an den Berufsschulen (2.2.1940); Wenn wir Bischöfe Deutschlands...(26.6.1941, zusammen mit den deutschen Bischöfen, Fulda); Die Liebe läßt uns nicht schweigen (12.8.1941, zusammen mit den bayerischen Bischöfen, München); Die Verheissungen Christi (10.2.1942); Ehrfurcht und Treue zu unserer Mutter, der Kirche (19.8.1942, zusammen mit den deutschen Bischöfen, Fulda); Ein Trostwort (28.9.1942); Unser Abendgebet im vierten Kriegsjahr (31.12.1942); Vom Sinn und Segen unserer Liturgie (Fastenhirtenbrief 1943); Oberhirtlicher Aufruf zur Weihe an das unbefleckte Herz Mariae (30.4.1943–23.5.1943); Kehre zurück zum Herrn, Deinem Gott (29.8.1943, zusammen mit den deutschen Bischöfen, Fulda); Die 10 Gebote als Lebensgesetz der Völker (12.9.1943, zusammen mit den deutschen Bischöfen, Fulda); Die Biblische Geschichte in Schule und Familie (Fastenhirtenbrief 1944); Wirkungen des letzten Fliegerangriffes für das katholische Leben (1.5.1944, an den Klerus); Gebetsapostolat (Oktober 1944, zusammen mit den bayerischen Bischöfen); Dies irae-Chronik des ersten Monats im Neuen Jahr (12.1.1945); Oberhirtliche Christenlehre über das heilige Sakrament der Ehe (Januar 1945); Christenlehre über die Kreuzwegandacht (4.2.1945); Verhandlungspunkte in den Übergangstagen (2.5.1945; an den Klerus); An die Landpfarreien (10.5.1945); Pastorale Richtlinie (18.6.1945, an den Klerus); Hirtenbrief (18.6.1945, zusammen mit den bayerischen Bischöfen, Eichstätt); Zum erstenmale... (28.6.1945, zusammen mit den bayerischen Bischöfen); An die katholischen Frauen (19.1.1946); Mahnung der bayerischen Bischöfe zu den Gemeindewahlen (Januar 1946); Zum Papstsonntag (17.3.1946).

Gedruckte und hektographierte Predigten:
Deutsches Ehrgefühl (15.2.1924); Das Alte Testament und seine Erfüllung im Christentum (3.12.1933); Die sittlichen Werte des Alten Testamentes und ihre Aufwertung im Evangelium (10.12.1933); Die sozialen Werte des Alten Testamentes (17.12.1933); Der Eckstein zwischen Judentum und Christentum (24.12.1933); Christentum und Germanentum

(31.12.1933); Wir Deutschen und das Papsttum (18.2.1934); Leidenskraft und Tatkraft in der christlichen Lebensanschauung (8.11.1936); Der Glaube - ein dreifacher Sieg (7.6.1936); Leidenschaft (8.11.1936); Das Christentum im deutschen Volk (31.12.1936); Das Reichskonkordat - Ja oder Nein? (14.2.1937); Flammenzeichen rauchen (4.7.1937); Das Lied der neuen Zeit, die Einfachheit (31.12.1938); Grundgedanken aus dem Weltrundschreiben des Heiligen Vaters Pius XII. (3.3.1940); Was kündet das Kreuz auf den Gräbern? (2.11.1941); Römischkatholisch oder nationalkirchlich? (8.3.1942); Ein Trostwort des Oberhirten (28.9.1942); Dreifache Posaunenbotschaft (7.3.1943); Wiederaufbauen - ein Gebot der Stunde (15.8.1943); Die Namen Jesu - Litanei des Propheten (31.12.1943); Die Stimme des Herrn aus dem brennenden Dornbusch (19.5.1944); Schmerzhafte Mutter, lehre uns glauben (24.10.1944); Selbstmord gleich Fahnenflucht (5.11.1944); Religiöse und soziale Lebenswerte des Marienkultes (18.11.1945); Kardinalspredigt (9.3.1947); Was ist der Sinn einer Brückenweihe (Juli 1948).

Bücher, Broschüren:
Zeitfragen und Zeitaufgaben - Gesammelte Reden, Freiburg 1915; Der Krieg im Lichte des Evangeliums, München 1916; Das Schwert des Geistes, Freiburg 1917; Trauerrede bei der Beisetzung Ihrer Majestäten des Königs Ludwig III. von Bayern und der Königin Maria Theresia im Liebfrauendom zu München am 5. November 1921, München 1921; Deutsches Ehrgefühl und katholisches Gewissen, München 1925; Münchener Kardinalspredigten, München 1937; Gottwärts - Worte an alle, Wuppertal 1948

Korrespondenz:
Akten Kardinal Michael von Faulhaber, I und II, Veröffentlichungen der Kommission für Zeitgeschichte, Reihe A: Quellen, Band 26, bearbeitet von Ludwig Volk, Mainz 1978; An die Bayerische Staatsregierung (4.3.1947); An die Amerikanische Militärregierung, Frankfurt a/Main (20.7.1945 und 7.12.1945, zusammen mit Landesbischof Meiser).

Briefe und Telegramme an Hitler:
Persönlicher Brief Kardinal Faulhabers an Adolf Hitler, 24.7.1933; in: Kupper, Alfons: Staatliche Akten über Reichskonkordatsverhandlungen 1933; Kommission für Zeitgeschichte, Reihe A: Quellen 2, Mainz 1969; Volk (siehe oben)

Memoiren:
Maschinenschriftliche Aufzeichnungen; Kopie im Besitz des Verfassers

Sonstige Schriften:
Bei den Internierten in der Schweiz 1918, ohne Jahr; Geleitwort für: Neuhäusler, Johann: Kreuz und Hakenkreuz, München 1946; Elternrecht und Gewissensfreiheit, in: Rheinischer Merkur 15.1.1949; Neujahrswort 1950, in: Münchener Katholische Kirchenzeitung, Januar 1950.

Testament
Erzbischöfliches Ordinariatsarchiv München

2. Dokumente

Konferenz für Interniertenseelsorge, Einsiedeln 19.7.1918; Landersdorfer, Simon Konrad (Bischof von Passau): Predigt zum 50jährigen Priester- und 25jährigen Erzbischofsjubiläum (Faulhabers), München 19.7.1942; Priesterverein der Erzdiözese München-Freising (Herausgeber): Michael Kardinal Faulhaber. 25 Bischofsjahre,

München 1936; Predigt-Mitschriften der Gestapo (Kopien im Besitz des Verfassers): Papstfeier (9.2.1936), Silvesterpredigt 1937, Papstsonntag-Predigt (13.2.1937); Gritschneder, Otto: Adenauer widerspricht Kardinal Faulhaber, in: Münchner Stadtanzeiger (17.7.1984); Speer, Albert: Erinnerungen, Frankfurt 1969; Politische Berichte (Hauptstaatsarchiv München, Pol. Dir. 10044); Bischöfliches Zentralarchiv Regensburg, Nachlaß Buchberger (Karton 81); Brief Rupprechts an König Ludwig III. (12.6.1916) in: Sendtner, Kurt: Rupprecht von Wittelsbach, München 1954; Briefwechsel Faulhaber-Stresemann, ebenda; Ich predige weiter. Pater Rupert Mayer und das Dritte Reich. Eine Dokumentation von Otto Gritschneder, Rosenheim 1987.

3. Zeitungsberichte über Faulhaber

Das Schwarze Korps, Berlin 20.2.1936; Der 9er, Würzburg 1.1.1930; Der Überblick, München 14.5.1947, 12.11.1947; Deutsche Warschauer Zeitung, 23.10.1917; Die Rote Fahne, 29.8.1922; Fränkischer Kurier, 18.2.1936; Freiheit, 29.8.1922; Großdeutsche Zeitung, 22.5.1924; Ketteler-Licht, 23.2.1939; Kölnische Volkszeitung, 24.3.1915; Münchener Katholische Kirchenzeitung, 14.6.1936, 23.2.1936, 23.5.1937, 25.7.1948; Münchener Jüdische Nachrichten, 12.12.1952; Münchener Neueste Nachrichten, 28.8.1922, 31.8.1922, 14.10.1937, 26.10.1937; Münchner Merkur, 5.3.1948; Neues Münchener Tagblatt, 15.2.1936; Neue Zeitung, 23.3.1946; Obwaldner Volksfreund, 17.7.1918; Regensburger Anzeiger, 12.5.1924; Schweizerische Republikanische Blätter, Zürich 28.9.1918; Süddeutsche Zeitung, 8.2.1946, 19.2.1946, 5.12.1950; Vaterland, Luzern 15.7.1918; Völkischer Beobachter, Berlin 13.10.1937

Register

Das Buch

Diese Veröffentlichung stützt sich auf viele historische Quellen. Jeder zitierte Ausspruch Faulhabers ist belegbar. Das Quellenverzeichnis gehört zu den umfassendsten seiner Art in der wissenschaftlichen Faulhaber-Literatur. Dieses Buch widerlegt die These, daß Faulhaber im Dritten Reich ein »tapferer Widerstandskämpfer« gewesen sei. Es ist eine Biographie, die sich nur mit der politischen und gesellschaftlichen Tätigkeit des Kardinals auseinandersetzt. Seine theologischen Ansichten werden nur am Rande wiedergegeben.

Der Autor

Dr. Rudolf Reiser hat in München und Wien Geschichte und Osteuropakunde studiert. Für zwei Hauptseminararbeiten zum Thema Faulhaber benutzte er die Literatur im Erzbischöflichen Ordinariatsarchiv München. 1968 hat der Verfasser bei Karl Bosl mit Auszeichnung promoviert. Von 1969 bis 1997 war er Redakteur für Bildung und Wissenschaft bei der *Süddeutschen Zeitung*. Aus seiner Feder stammen zahlreiche wissenschaftliche Aufsätze, von denen viele in mehrere Sprachen übersetzt wurden, und über 40 Fachbücher mit den Schwerpunkten Antike, Kirchengeschichte, Städtemonographien und bayerische Geschichte. Im Buchendorfer Verlag sind von ihm erschienen: »Klenzes Geheime Tagebücher« (1998) und »König und Dame« (1999).